Gabriele Harzheim
Maria A. Pfeifer

ThemenTouren Eifel

Monschauer Land
und Rurseengebiet

J.P. BACHEM VERLAG

Die Deutsche Bibliothek –
CIP – Einheitsaufnahme
Ein Titeldatensatz für diese Publikation ist bei
der Deutschen Bibliothek erhältlich.

1. Auflage 2002
© J.P. Bachem Verlag, Köln 2002
Einbandgestaltung und Layout:
Heike Unger und Till Kaposty, Berlin
Projektkoordination und Lektorat:
Dorit Esser / lektorat plus, Berlin
Karten: KEB Landkarten, Koblenz
Reproduktionen:
Reprowerkstatt Wargalla GmbH, Köln
Projektträger:
Eifelverein e.V. Düren
Druck und Bindung:
Druckerei J.P. Bachem GmbH & Co. KG, Köln
Printed in Germany
ISBN 3-7616-1584-1

www.bachem-verlag.de

Gefördert von der
Nordrhein-Westfalen-Stiftung
Naturschutz, Heimat-und Kulturpflege

Inhalt

Inhalt

Bei Spaziergängen durch die Eifel ist uns immer wieder aufgefallen, dass die üblichen Tourenbücher zwar auf die Schönheit der Landschaft aufmerksam machen, aber nur wenig tief greifende Information über sie vermitteln. Es wird kaum über die vielfältigen Lebensräume dieser Region berichtet, über die Lebensgemeinschaften der Pflanzen und Tiere oder die Bedeutung dieser Landschaft für den Menschen.

Es sind die Wälder und die Bäche, die Wiesen und die Hecken, die historischen Baustile in den Dörfern und die Bewirtschaftungsformen der Felder und Äcker, die einer Landschaft ihren Charakter verleihen. Die Identität der Eifel ist begründet in der Ursprünglichkeit der Landschaft und in der Überprägung durch den wirtschaftenden Menschen. Wir haben es uns in diesem Buch zur Aufgabe gemacht, Ihnen die bedeutendsten Aspekte dieser Identität nahe zu bringen.

Das Buch ist in elf ThemenTouren aufgegliedert. Sie sind vier großen Themenkreisen zugeordnet, die das Monschauer Land und das Rurseengebiet prägen: die Hecken, die historischen Handwerke und Industrien, die Talsperren und die geschützte Natur. Innerhalb jeder Tour finden Sie hinter der Streckenbeschreibung mehrere Themen, die Ihnen die Sehenswürdigkeiten der Strecke erläutern.

Ein Bild sagt mehr als tausend Worte – 250 meist farbige Abbildungen dokumentieren charakteristische und besondere Elemente der Natur- und Kulturlandschaft des Monschauer Landes.

Mit Lust auf Abwechslung haben wir in diesem Buch Touren zusammengestellt, die Sie zu Fuß, mit dem Rad, mit Skiern oder auch mit dem Schiff zurücklegen können. Es gibt lange und kurze Strecken, viele sind für Familien mit Kindern ab 10 Jahren geeignet.

Wir hoffen, mit diesem Buch die aufgezeigte Lücke zu schließen und Ihnen neben attraktiven Tourenvorschlägen auch Informationen über die prägenden Landschaftselemente und historischen Wirtschaftsformen des Monschauer Landes zu bieten.

Wir wünschen Ihnen eine erlebnisreiche Zeit und ein genussreiches Entdecken des Monschauer Landes.

Gabriele Harzheim und Maria A. Pfeifer

Vorwort

Hinweise zu diesem Buch

Bei Ihren Wanderungen sollten Sie daran denken, dem Wetter angepasste Kleidung, vor allem festes Schuhwerk, zu tragen und Regen- und Sonnenschutz sowie Verpflegung mitzunehmen.

Ob Sie eine gute Kondition benötigen, hängt davon ab, welche Tour Sie wählen. Einige Strecken sind nur wenige Kilometer lang, für längere Touren sollten Sie ein erprobter Wanderer sein. Der Schwierigkeitsgrad und die Kilometerzahl sind bei jeder Strecke angegeben. Bei den meisten Touren können Sie sich zwischen der vollen Strecke und einer Abkürzung entscheiden. In einigen Touren werden auch Abstecher zu interessanten Sehenswürdigkeiten oder zu Einkehrmöglichkeiten angeboten.

Wanderwege werden im Text mit „WW" abgekürzt, z. B. WW A1, Landstraßen mit „L", z. B. L106, Kreisstraßen heißen entsprechend K25, Bundesstraßen B258 usw.

„Wirtschaftsstraße", „Forststraße" oder „Feldstraße" bezeichnen eine befestigte, mit einem zweispurigen Fahrzeug (Auto oder Traktor) befahrbare Strecke im Gelände; unbefestigte Strecken dieses Typs heißen „Weg". Als „Fußpfad" wurden unbefestigte schmale Strecken bezeichnet, die nicht befahrbar sind.

Angegebene Entfernungen sind stets gerundet.

Danksagung

Unser besonderer Dank gilt der Nordrhein-Westfalen-Stiftung Naturschutz, Heimat- und Kulturpflege für die Förderung dieses Werkes, vor allem Herrn Prof. Dr. Schumacher. Wir danken dem Eifelverein, insbesondere Herrn Rippinger, für die Projektträgerschaft des Buches. Wir danken für die Bereitstellung von Informationen: Hans-Georg Brunemann (Dipl.-Mineraloge, Heimatmuseum Rescheid); Eduard Claßen † (Hamenmacher, Eicherscheid); Pascal Ghiette (Dipl.-Biologe, Centre de Recherche de la Nature, des Forêts et du Bois du Ministère de la Région Wallone); Franz Wilhelm Hermanns (Geschichtsverein Monschauer Land); Frau Hübner (Wasserverband Eifel-Rur); Paul M. Kirch (Dipl.-Geologe, Wasserverband Eifel-Rur); Dr. Bernd Läufer (Geschichtsverein Monschauer Land); Dr. Louis Leclercq (Dipl.-Biologe, Wissenschaftliche Station im Hohen Venn der Universität Lüttich); Uwe Melchior (Forstoberinspektor, Staatl. Forstamt Hürtgenwald); Herbert Polczyk (Wasserverband Eifel-Rur); Petra Windisch (Dipl.-Biologin, Biol. Station des Kreises Aachen).

Das Monschauer Heckenland

Die Region der Nordeifel bietet neben dem Hohen Venn eine Besonderheit, die in Mitteleuropa ihresgleichen sucht: Es ist das Monschauer Heckenland. Auf der Hochfläche des Monschauer Landes umschließt ein dichtes Netz von Hecken aus Rotbuchen einzelne Wiesen- und Weidenparzellen. Meterhohe grüne „Wände", ebenfalls überwiegend aus Rotbuche, stehen schützend vor den alten Bauernhäusern und halten die regen- und schneereichen, häufig Sturmstärke erreichenden Südwest- bis Nordwestwinde ab. Diese Heckenlandschaft gab nicht nur der Region ihren Namen, sie ist gleichzeitig Symbol und sichtbares Zeichen für den Ideenreichtum der Menschen, die sich hier seit Jahrhunderten eine Heimat geschaffen und mit den Unbilden der Natur arrangiert haben.

Heckenlandschaften kommen in ganz Europa vor, insbesondere dort, wo klimatische Gegebenheiten, entsprechende Bodenverhältnisse oder agrartechnische Bedingungen die Anlage sinnvoll erscheinen ließen. Die Hecken im Monschauer Land zeichnen sich durch unterschiedliche Typen und Funktionen aus. Man unterscheidet die Durchwachser- und die Hausschutzhecke.

Durchwachserhecken werden in der Region auch als Flurhecken bezeichnet. Es handelt sich um Niederhecken, die überwiegend aus Rotbuche bestehen. Aus der 0,6–1,2 m hohen geschnittenen Heckenbasis wachsen in regelmäßigen Abständen Einzelbäume, so genannte Durchwachser, unterschiedlichen Alters heraus. Die Flurhecken begrenzen im Idealfall, wie es beispielsweise in Eicherscheid noch zu sehen ist, einzelne Parzellen und bilden somit einen natürlichen Zaun für das Vieh, sie liefern Brennholz, mindern die Windgeschwindigkeit und somit die Erosion. Schließlich begünstigen sie das Kleinklima und stellen wichtige Lebensräume z. B. für Singvögel wie Buchfink oder Amsel und für Insekten dar. Bis ins 20. Jahrhundert hinein lieferten die Flurhecken zudem die Grundlage für ein spezielles Gewerbe in der Region: das der Hamenmacher. Hamen wurden aus krumm gewachsenen Hölzern gefertigt und bildeten das Innengerüst für das Kummet, ein Teil des Pferdezuggeschirrs.

Hausschutzhecken sind eine Form der Hochhecke. Diese zu dichten Wänden geschnittenen und überwiegend aus Rotbuche bestehenden, gelegentlich mit Hainbuche oder Stechpalme durchsetzten Hecken sind in der Regel in Hauptwindrichtung dicht an den Häusern gepflanzt und bieten so Schutz vor schlechten Witterungseinflüssen. Sie erreichen im Schnitt eine Höhe von 6–8 m und häufig eine Länge von mehr als 40 m. Im Winter behalten die im Heckenverband stehenden, geschnittenen Rotbuchen meist ihre rotbraunen, vertrockneten Blätter bis zum Frühjahrsaustrieb, so dass eine zusätzliche windbremsende Wirkung entsteht.

Das Alter der Hecken ist schwer zu bestimmen. Die Heckenpflanzen neigen stärker als frei wachsende Einzelbäume dazu, von Pilzen angegriffen zu werden, die das Holz zersetzen, so dass die Stämme im Laufe der Zeit hohl werden. Eine Altersbestimmung aufgrund von Jahresringen wird dadurch erschwert. Die ältesten untersuchten Heckenpflanzen weisen ein Alter von ca. 200 Jahren auf. Wann man im Monschauer Land mit der Anpflanzung von Hecken begann, ist heute nicht mehr feststellbar. Eine umfangreiche Rodungstätigkeit und Siedlungskontinuität ist erst seit dem Mittelalter zur Zeit der Karolinger zu verzeichnen. Schriftlich erwähnt sind Hecken im Monschauer Land seit dem 17. Jahrhundert. Ein dichtes Heckennetz an Flurhecken entstand vermutlich in der Franzosenzeit (1794–1814), da die französische Gesetzgebung den Bauern in der Winterzeit erlaubte, ihr Vieh auf der gesamten Flur zu weiden. Ausgenommen waren Bereiche, die durch eine Einfriedung, einen Zaun oder eine Hecke abgegrenzt waren. Zum Schutz der eigenen Grundstücke vor fremdem Vieh pflanzten die Bauern deshalb Hecken. Einen herben Schaden erlitt das Heckennetz in den 1960er und 1970er Jahren durch die Flurbereinigung, die die Strukturen verändert und stark zurückgedrängt hat. Nur wenige Bereiche, z. B. rund um Eicherscheid, sind davon verschont geblieben.

Heute ist das gesamte Heckensystem des Monschauer Landes – ca. 400 km Flurhecken und noch 25 km Hausschutzhecken – in einem Heckenkataster verzeichnet. Die Hecken sind geschützt und dürfen nur in begründeten Ausnahmefällen, z. B. im Rahmen von Straßenbaumaßnahmen, gerodet werden, wobei in der Regel Ausgleichspflanzungen stattfinden. Doch ein Schutzstatus allein reicht nicht aus. Die Hecken bedürfen aufwändiger Pflege. Als kleinen Anreiz unterstützen der Kreis Aachen (bei den Hausschutzhecken) und der Deutsch-Belgische Naturpark Hohes Venn-Eifel (bei den Flurhecken) die Pflegearbeiten mit Zuschüssen. Dennoch bedarf es eines großen Idealismus, diese in Mitteleuropa einmalige Heckenlandschaft zu erhalten, die viel über das Arbeiten und Wirtschaften früherer Generationen verrät.

S. 10/11: historisch gewachsene Heckenlandschaft bei Eicherscheid

13

20.01.21

Im Herzen des Monschauer Heckenlands

Wandern und Radeln um Eicherscheid

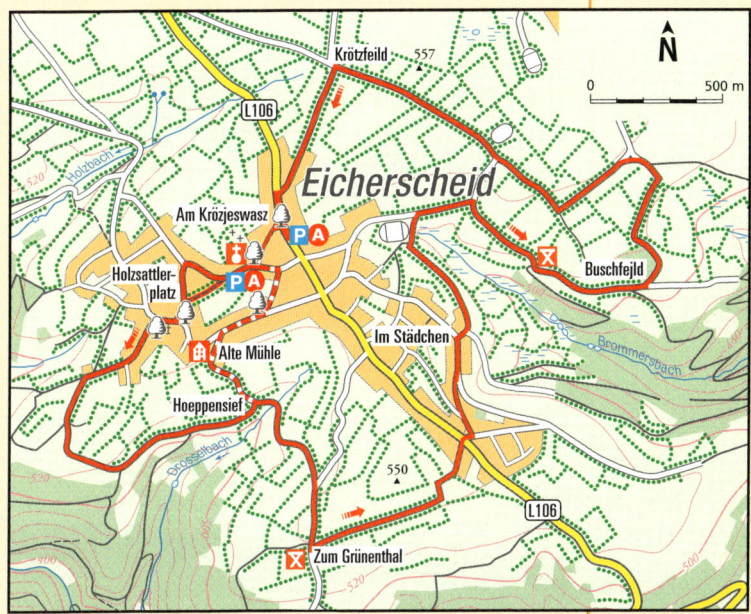

Schwierigkeitsgrad: überwiegend leicht, jedoch mit einigen Abfahrten und Steigungen an den Bachtälern

Anfahrt mit dem Pkw:

• aus Richtung Aachen B258 bis Konzen, am Ortseingang auf die L106 bis Eicherscheid

• aus Richtung Köln/Düren B399 bis Simmerath Kreuzung „Am Gericht", dort auf die L106 bis Eicherscheid

• aus Richtung Bonn/Euskirchen B266 bis Simmerath, dort auf die B399 (Richtung Monschau) bis Simmerath Kreuzung „Am Gericht", dort auf die L106 bis Eicherscheid

Parkmöglichkeiten: Eicherscheid, Parkplatz an der Sparkasse (im Ort an der L106 direkt vor der Sparkasse) oder Parkplatz an der

Gegenüber:
typische Hecken-
form des Mon-
schauer Landes –
Durchwachser-
hecke

Kirche (im Ort 50 m vor der Sparkasse rechts in den Kirchweg abbiegen, Kirche nach 200 m)

Ausgangspunkt: Parkplatz an der Sparkasse

Wegmarkierungen: teilweise ohne, teilweise Wegmarkierungen des Eifelvereins

Tourenlänge: volle Strecke 9 km; Abkürzung 3,5 km

Wanderzeit: volle Strecke 2,5 Stunden; Abkürzung 1 Stunde

Fahrzeit: volle Strecke 1 Stunde

Einkehrmöglichkeiten: in Simmerath und Monschau

Besondere Hinweise: Sowohl die große Runde als auch die Abkürzung können Sie gut mit dem Fahrrad zurücklegen, da beide Touren über befestigte Wirtschaftsstraßen führen.

Empfohlene Jahreszeit: Frühsommer– Herbst, sehr schön auch im Winter bei Schneebedeckung (dann nur als Wanderung)

Buchenreihen in der Eicherscheider Feldflur

Streckenverlauf

◆ Bereits während der Anfahrt treten Hausschutz- und Durchwachserhecken in Eicherscheid auf beeindruckende Weise in Erscheinung *(Thema: Heckenpflege, S. 20)*. Auf dem Parkplatz an der Sparkasse orientieren Sie sich hangaufwärts und biegen nach wenigen Metern „Am Krözjeswasz", einem kleinen Platz mit einer großen Linde *(Thema: Die Dorfbäume von Eicherscheid, S. 22)*, nach links in den Kirchweg ein. Nach etwa 200 m passieren Sie die Kirche mit der riesigen, etwa 400 Jahre alten Linde „Ar Lengd".

◆ Wenn Sie mit dem Fahrrad unterwegs sind, folgen Sie dem Kirchweg, bis er auf die Straße Zum Belgenbach mündet, biegen nach links ein und fahren weitere 200 m bis zum Holzsattlerplatz.

◆ Wenn Sie zu Fuß unterwegs sind, kürzen Sie nach 50 m auf dem Kirchweg an einem Dorfkreuz über einen 200 m langen, heckengesäumten Fußpfad „Köstischjääszje" nach links ab und biegen anschließend nach links auf die Straße Zum Belgenbach ein. Sie erreichen den Holzsattlerplatz mit seiner mächtigen Kastanie, auch „Op Hoeppenheck" genannt. Rechtsseitig in dem privaten Garten des letzten Hamenmachers von Eicherscheid finden Sie eine handgeschnitzte Holztafel, die in fünf Sequenzen die Tätigkeit des traditionellen Hamenmacherhandwerks darstellt *(Thema: Das Hamenmacherhandwerk, S. 23)*.

Eigenwillige Formen: knorrige Basis, gewundene Hecke

◆ Hinter dem Holzsattlerplatz nach rechts abbiegen und der Straße Zum Belgenbach folgen. Nach ca. 100 m erreichen Sie einen weiteren kleinen Platz mit einer Kapelle, die von einer riesigen Eiche überragt wird.

◆ Dort nach links in Zum Belgenbach einbiegen. Sie passieren mehrere Beispiele für typische historische Hausformen der Nordeifel: den Winkelhof aus Fachwerk mit dem einseitig tiefgezogenen Dach *(Thema: Historische Bauweise im Monschauer Land, S. 45, Tour 3)*. Die Straße mündet nach mehreren 100 m auf eine Wegekreuzung am letzten Haus.

◆ Am letzten Haus biegen Sie auf die Wirtschaftsstraße nach links ab und folgen dem Weg über etwa 1,5 km. Zwischen dem engmaschigen Netz der Eicherscheider Heckenlandschaft hindurch *(Thema: Die*

Wie lichte Wälder wirken die Heckenreihen bei Eicherscheid.

Hecke als Lebensraum, S. 24) bietet sich ein imposanter Blick über das ferne Rurtal und bald darauf über das enge Kerbtal des Drosselbachs, an dessen steilen Hängen sich die heckenumgrenzten Viehweiden hochziehen. Am Abzweig „Hoeppensief" vor dem Drosselbach müssen Sie zwischen der Abkürzung und der vollen Strecke wählen. Beide Strecken sind sowohl zu Fuß als auch per Rad möglich.

Abkürzung:

◆ Am Abzweig „Hoeppensief" nach links auf den WW A3 abbiegen, um bergan nach 300 m in der „Rottelejaasz" die ersten Häuser von Eicherscheid zu erreichen. Sie passieren die alte Mühle *(Thema: Die alte Mühle von Eicherscheid, S. 25).*

◆ An der Einmündung auf die Dorfstraße nach rechts und nach 250 m, wiederum an einem kleinen Dorfplatz mit Kapelle und Kastanienbaum, nach links „Am Weiher" einbiegen.

◆ Nach weiteren 250 m mündet diese Straße auf den Kirchweg, dem Sie zurück zum Parkplatz folgen.

Volle Strecke:

◆ Am Abzweig „Hoeppensief" nach rechts bergan halten, dann den Drosselbach überqueren.

◆ Nach 750 m an der Kreuzung „Zum Grünenthal" links abbiegen. Bank und Tisch laden zum Picknick ein. Die Wirtschaftsstraße durch die Heckenlandschaft mündet wieder ins Dorf und trägt dort den Namen „Fingert". Sie führt über die L106 hinweg in Richtung Turnierpatz.

◆ Gleich hinter der L106 biegen Sie in die Buschgasse nach links ab und folgen ihr.

◆ An der Hausnr. 35 findet sich ein weiterer Platz „Im Städchen", an dem Sie nach rechts in die Heckenlandschaft einbiegen. In

einem Bogen nach links führt die Wirt-
schaftsstraße auf einen Sportplatz zu und
bietet Ihnen unterwegs einen Blick auf das
Kerbtal des Brommersbachs, an dessen
Hängen sich idyllisch die heckengesäumten
Weiden hochziehen.

◆ „Om Asterbruch" hinter dem Sportplatz
mündet die Straße auf eine weitere Wirtschaftsstraße, auf diese biegen Sie dann
nach rechts ein.

◆ Nach 250 m an einem metallenen Wegekreuz mit der Flurbezeichnung „Grengdel"
erneut nach rechts abbiegen (Richtung Dedenborn) und für ca. 1 km dem Tal des
Brommersbachs folgen. Unterwegs finden
Sie einen Picknickplatz mit Bank und Tisch
vor. Nach rechts abzweigende Wege unbeachtet lassen.

◆ An der Gabelung „Buschfejld" ist die
Wirtschaftsstraße nach Dedenborn ins Tal
ausgewiesen. Hier aber den linken Abzweig
nehmen, für 750 m auf der Höhe bleiben.

◆ Am „Worbelescheed" biegen Sie nach
links ab, danach geht es 100 m bergan.

◆ An einer Gabelung mündet der WW A2
ein, diesem folgen Sie nach links in
Richtung Eicherscheid für 400 m hangpa-
rallol.

◆ An der „Lehmkuhe" biegen Sie nach
rechts mit dem WW A2 ab. Über 300 m von rechts einmündende
Wege lassen Sie unbeachtet.

*Lebensraum:
Heckenbasis mit
Aufwuchs*

◆ An einer Gabelung (vor dem Sportplatz) rechts bleiben, der
Wirtschaftsstraße 1 km durch die Heckenlandschaft folgen.

◆ Am „Krötzfeild" mit dem WW A2 nach links abbiegen. Sie erreichen den Dorfrand nach 500 m und befinden sich „Auf'm Scheid",
nach weiteren 250 m gelangen Sie zur L106.

◆ Auf der L106 biegen Sie nach links ab und finden den Parkplatz
vor der Sparkasse nach 150 m. Wenn Sie an der Kirche geparkt
haben, in den Kirchweg einbiegen, Parkplatz nach 200 m.

Heckenpflege

Im August können Sie in Eicherscheid allerorten das Geräusch der elektrischen Heckenscheren hören. Dann trimmen die Hausbesitzer ihre haushohen Buchenhecken. An vielen Hausschutzhecken lehnen Leitern, an deren Ende die Besitzer in Schwindel erregenden Höhen mit Werkzeugen und Stützstangen hantieren. Die Heckenpflege unterliegt dem Landschaftsgesetz, es unterscheidet zwischen den großen und den kleinen Eingriffen.

Die Beseitigung des jährlichen Zuwachses an den Hausschutzhecken zählt zu den kleineren Eingriffen und kann jederzeit erfolgen. Der Hochsommer ist die ideale Zeit dafür, denn im August ist der so genannte Johannisaustrieb beendet, mit dem nach dem Frühlingsaustrieb der Hecken ein zweiter Wachstumsschub im Sommer erfolgt. Außerdem ist die zweite Vogelbrut abgeschlossen, so dass Amseln und Buchfinken nicht mehr beim Brutgeschäft gestört werden.

Die Pflege der Durchwachserhecken in der Feldflur hingegen gehört zu den größeren Eingriffen. Sie erfolgt im Winter. Da hier dicke Stämme ausgeholzt werden, entstehen große Schnittstellen an den Bäumen – die niedrigeren Temperaturen reduzieren die Infektionsgefahr an den Verletzungsstellen.

Oben: Aufasten der Durchwachser

Unten: Heckenbasis nach dem Abholzen

Daher werden Sie nur während der kalten Jahreszeit das laute Brummen der Kettensägen hören.

Häufig werden zusammen mit den großen Eingriffen an den Durchwachserhecken auch die kleinen Eingriffe erledigt: Die Basis wird beschnitten und die Nutzholzstämme werden aufgeastet, damit sie gerade und ohne gegenseitige Behinderung in die Höhe wachsen können. Wo ein Durchwachser entnommen wurde, lässt man in der entstandenen Lücke einen jungen Zweig nachwachsen. Auf diese Weise entsteht eine Hecke mit unterschiedlich alten Bäumen, die nicht nur nutzbringend ist, sondern auch einen wertvollen Lebensraum etwa für Insekten und Fledermäuse bildet. Doch zur Pflege der Hecken gehört noch weit mehr, z. B. die Neuanpflanzung. Dazu werden im Herbst oder Frühjahr junge Buchen ein- oder zweireihig gesetzt. Meist werden die kleinen Pflänzchen durch eine Holzschiene vor Zerstörung geschützt. Vom dritten Jahr an wird die junge Hecke verflochten, wobei die Zweige ohne weiteres Hilfsmittel miteinander verdreht und nach innen gesteckt werden. Aus diesem Grund sieht man heute in alten Hecken noch gelegentlich gekreuzte und miteinander verwachsene Stämme. Ab dem sechsten Jahr werden Hecken regelmäßig beschnitten.

Junge Hausschutzhecken lässt man durchgehend nach oben als Hochhecke wachsen und beschneidet dann immer nur den seitlichen Austrieb. Dies führt zu einer schnell wachsenden, dafür weniger dichten Hecke. Alternativ wird auch von oben geschnitten und über mehrere Jahre hinweg nur ein paar Dezimeter mehr an Höhe zugelassen. Eine solche Hecke wird sehr dicht und stabil. Wichtig ist auch eine ausreichende Breite der Hecke: Bei 6 m Höhe sind 70 cm bis 1 m Breite an der Basis die Regel, sonst bricht der Wind ein oder die Hecke kann bei der Pflege die Leiter nicht halten. Eine stabile Hecke hat eine etwas konische Form, die Basis ist breiter und nach oben läuft sie schmal aus.

Wenn die Besitzer Vieh halten, müssen die Buchenhecken durch Zäune vor Verbiss geschützt werden, denn Kühe und Pferde fressen das Buchenlaub gerne als Beikost zum Gras. Sie zerstören damit die Hecke.

Oben: beim Flechten des Torbogens

Unten: frisch gepflanzte Hecke

Bei den Hausschutzhecken gehört auch das Verflechten der Torbögen zur Pflege. Sie werden mit Hilfe von Brettern und Stangen gestaltet, die zwischen zwei Hecken links und rechts von der Einfahrt in 3 oder 4 m Höhe eingezogen werden. Die austreibenden Buchenäste müssen zunächst jedes Jahr um die Stangen herumgeschlungen werden, so dass sich die beiden Heckenteile nach einigen Jahren in der Mitte treffen. Wenn der Torbogen sich gebildet hat, entfällt das Verflechten. Die Stangen und Bretter verbleiben im Geäst und verfallen im Laufe der Jahre von selbst.

Die Dorfbäume von Eicherscheid

Oben: Eiche „Zum Belgenbach"

Mitte: Linde „Ar Lengd"

Unten: Linde „Krözjeswasz"

Neben seinen Hausschutz- und Durchwachserhecken hat Eicherscheid auch seine alten Dorfbäume und Plätze bewahrt. Sie zeugen in besonderem Maße von der historischen Tradition und tragen zur Atmosphäre dieses Dorfes bei. Auf dieser Wandertour 1 kommen Sie an sechs Dorfplätzen vorbei, die mit ihren mächtigen alten Linden, Eichen und Kastanienbäumen eine genauere Betrachtung wirklich lohnen.

Große Einzelbäume haben seit Menschengedenken eine bedeutende Rolle im rituellen und religiösen Geschehen der Menschen gespielt. Unter ihnen wurden Feste gefeiert und Urteile gesprochen.

Einige Eicherscheider Dorfbäume beschirmen eine Kapelle. Auf diese Weise hat der christliche Glaube diese vorchristlichen Traditionen übernommen. Im christlichen Glauben werden in der Regel Wegekreuze, Kriegsdenkmäler und religiöse Monumente von kleineren oder größeren Flurgehölzen gerahmt. Viele solcher mit Hecken oder Einzelbäumen kombinierten Monumente können Sie in Eicherscheid finden.

Die großen alten Dorfbäume haben neben ihrer kulturellen Bedeutung auch eine wichtige Funktion als Lebensraum. Zahllose Insekten, Vögel (z. B. Eulen, Spechte oder Dohlen), Marder und Fledermäuse finden hier Wohnstatt und Nahrung. Diese historischen und natürlichen Kostbarkeiten hat sich der Ort Eicherscheid dankenswerterweise erhalten.

Das Hamenmacherhandwerk

Die Heckenlandschaft in Eicherscheid hat zwischen dem Beginn des 19. Jahrhunderts und dem Zweiten Weltkrieg ein spezielles Handwerk hervorgebracht, das sich die besondere Qualität des Holzes der Heckenlandschaft zunutze gemacht hat: das Hamenmacherhandwerk.

Hamen sind die hölzernen Bestandteile eines Pferdekummets, die – mit Leder überzogen – bei einem Zuggeschirr den Hals des Pferdes umschließen. Die Eicherscheider Hamenmacher nannten sich selbst auch Holzsattler, denn sie stellten neben den Hamen auch die hölzernen Innengestelle von Karren-Tragesätteln für Pferde her. Letztere waren wesentlich aufwändiger als die Herstellung der einfachen Hamen. Die Sattelgestelle waren dem ungleichmäßigen Körperbau des Pferdes angepasst. Ihre Herstellung erforderte große Präzision und handwerkliches Geschick. Ein besonderes Qualitätsmerkmal der Eicherscheider Hamen und Tragesättel war die natürlich gewachsene Krümmung des Holzes, die eine hohe Elastizität aufwies und eine lange Haltbarkeit gewährleistete. Dazu banden die Bauern junge Buchentriebe in den Durchwachserhecken nach unten, die anschließend von selbst wieder nach oben wuchsen und die gewünschten „Krummhölzer" bildeten. Auf einer Holztafel auf dem Privatgrundstück des letzten Hamenmachers von Eicherscheid sind die wichtigsten Arbeitsschritte bei der Herstellung eines Holzsattels festgehalten.

Das Hamenmacherhandwerk erlebte seine Blütezeit zwischen 1890 und 1930. Bis zu 20 Einwohner des Ortes waren in diesem Handwerk beschäftigt, bis zu 1500 Tragesättel jährlich wurden hergestellt, meist während der Winterzeit, wenn die Landwirtschaft ruhte. An festgelegten Tagen belud man Fuhrgespanne auf dem Holzsattlerplatz mit fertigen Sattelgestellen und Hamen, um diese zum Bahnhof des nahe gelegenen Ortes Konzen zu transportieren. Von dort gingen sie an Großhändler im benachbarten Belgien und in den Niederlanden, aber auch bis nach Ostpreußen.

Tragesattel und Hamen

Die Hecke als Lebensraum

Hecken sind wertvolle Lebensräume für Tiere und Pflanzen. Sie bilden Strukturen in der Landschaft, die viele Pflanzen und Tiere als Lebensraum nutzen können. Hecken erhöhen auf diese Weise die Artenvielfalt in einer Landschaft.

Wo das Heckennetz besonders dicht ist und sich Hohlwege mit schattigen Böschungen gebildet haben, ähneln die Lebensbedingungen denen des Waldes, und die Saumpflanzen am Heckenrand sind typische Waldpflanzen. Zu ihnen gehört die Weiße Hainsimse, eine typische Grasart der Buchenwälder auf den sauren Schieferböden des Monschauer Landes. Auch die Große Sternmiere, die

Oben: Gotische Eule

Unten: eigener Lebensraum – ein toter Stamm

Vielblütige Weißwurz und den Roten Fingerhut finden Sie an den Böschungen. Ihr häufiges Vorkommen lässt erahnen, dass Hecken mit solchen Säumen bei ihrer Entstehung nicht eigens angepflanzt wurden, sondern aus Rodungsresten früherer Wälder hervorgingen.

Neben den schattigen Böschungen gibt es auch stärker besonnte Säume, etwa an den Südseiten von Hecken. Hier blühen im Juni Wiesenkerbel, Bärenklau, Brennnessel, Taubnessel, Spitzwegerich, Frauenmantel, Gamander-Ehrenpreis und zahlreiche andere Arten. Die blühenden Säume der Hecken bieten vielen Insekten Nahrung und spielen eine wichtige Rolle im Nahrungsnetz der bewirtschafteten Landschaft. Mit ihren toten und morschen Stämme bieten Hecken geschützte Räume für die Entwicklung von Eiern, Larven und Puppen der Insekten. Vor allem Käfer und Wildbienen finden hier ihre Kinderstube und Nachtfalter wie die Gotische Eule ihr Tagesversteck. Von den Insekten ernähren sich zahlreiche Singvögel. Diesen bieten die Hecken Ansitz und Nistgelegenheit. Die Hecken des Monschauer Landes mit ihrem Totholzanteil und den blühenden Säumen sind Landschaftselemente, die zum Erhalt der Tier- und Pflanzenwelt einen wesentlichen Beitrag leisten.

Die alte Mühle von Eicherscheid

Bereits Ende des 19. Jahrhunderts hatten einige Landwirte aus Eicherscheid die Absicht, eine Molkerei-Genossenschaft zu gründen. Da sich zunächst nicht genügend Interessenten fanden, transportierten sie die Milch ab 1893 erst einmal mit dem Pferdewagen zu der neu gegründeten Molkerei nach Imgenbroich.

Die alte Mühle

Der vor allem im Winter beschwerliche und relativ lange Transportweg von über einer Stunde veranlasste die Eicherscheider Bauern dann im Jahr 1910 doch dazu, eine eigene Genossenschaft zu gründen. Der Neubau der Molkerei am Rande des Dorfes erfolgte zügig und konnte noch im selben Jahr bezogen werden. Neben einer dampfbetriebenen Molkereieinrichtung für die Verarbeitung der Milch zu Sahne, Butter, Quark und Käse installierte man zusätzlich ein Mahlwerk für Getreide.

Die neue Mühle zog der alten Belgenbacher Mühle im Tal schon bald die Kundschaft ab, der mühsame Weg ins Tal und wieder zurück entfiel für die Landwirte. Ab 1913 wurde die Belgenbacher Mühle daher nur noch bei Bedarf betrieben und seit der Einführung der Elektrizität das dortige wassergetriebene Mahlwerk 1922 ganz stillgelegt.

Ein weiterer Versuch, die Molkerei- und Mühlengebäude besser auszulasten, war die Installierung einer Dreschanlage Anfang der 1920er Jahre. Allerdings arbeitete sie nur ein Jahr: Die starke Staubentwicklung erwies sich bei der Milchverarbeitung als nachteilig. Als nach dem Zweiten Weltkrieg ein Konzentrationsprozess in der Milchwirtschaft einsetzte und viele kleine Dorfmolkereien schließen mussten, war es 1953 auch für die Eicherscheider Molkerei endgültig vorbei. Der Mahlbetrieb wurde noch einige Jahre weiter geführt. Heute erinnert nur noch der neben dem Gebäude aufgestellte Mahlstein an diese Zeiten.

Trotz der Konzentration der heutigen Landwirte auf die Milchproduktion sind in der Eifel nur noch zwei Großmolkereien tätig: in Hillesheim und Pronsfeld.

15.12.09

Auf den Spuren der Geschichte

Radtour zwischen Konzen und Mützenich

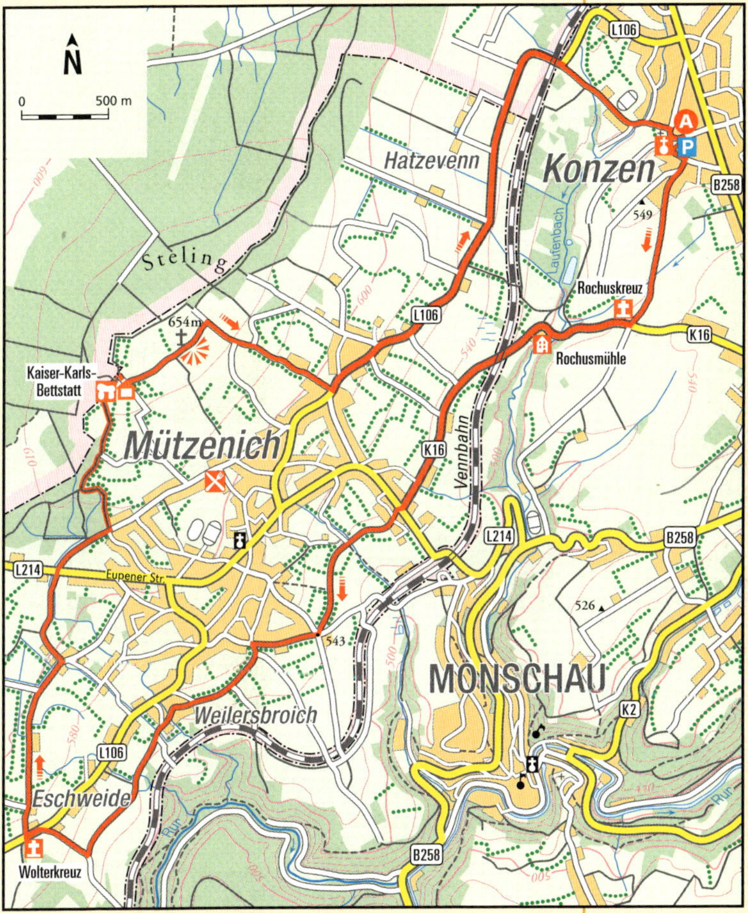
N
0
500 m
Hatzevenn
Konzen
L106
B258
549
Lautenbach
Rochuskreuz
K16
Rochusmühle
Steling
654m
Kaiser-Karls-Bettstatt
Mützenich
K16
Vennbahn
L214
B258
L214
Eupener Str.
526
543
MONSCHAU
Weilersbroich
K2
L106
Eschweide
Rur
B258
Wolterkreuz

Schwierigkeitsgrad: mittel, mit Kindern ab 10 Jahren geeignet; meist auf innerörtlichen Straßen bzw. gering befahrenen Nebenstraßen ohne Radweg sowie auf Feldstraßen

Gegenüber: Weg nach Mützenich

Anfahrt mit dem Pkw:
• aus Richtung Aachen B258 über Roetgen bis Konzen, an der Ampel rechts in die Konrad-Adenauer-Straße einbiegen
• aus Richtung Köln/Düren B399 bis Lammersdorf – Konzen, Konrad Adenauer-Straße
• aus Richtung Bonn/Euskirchen B266 bis Simmerath, B399 Richtung Monschau-Imgenbroich, „Am Gericht" auf die L106 nach Konzen, dort auf der B258 bis ins Ortszentrum, an der Ampel rechts in die Konrad-Adenauer-Straße einbiegen

Parkmöglichkeit: Parkplatz an der Kirche

Ausgangspunkt: Parkplatz an der Kirche

Wegmarkierungen: überwiegend ohne, gelegentlich Wegmarkierungen des Eifelvereins

Tourenlänge: 15 km

Fahrzeit: 2,5–3 Stunden

Einkehrmöglichkeiten: Gaststätten im Ort Konzen, Gaststätten im Zentrum von Mützenich bei Abweichung von der Tour

Besondere Hinweise: Wegen der schönen Aussicht sollte man diese Tour nach Möglichkeit bei guter Fernsicht machen.

Empfohlene Jahreszeit: Mai–Oktober

Feldstraße bei Mützenich mit Heckenresten

Streckenverlauf

◆ Lassen Sie zunächst das Rad auf dem Parkplatz vor der Konzener Kirche stehen und gehen Sie über den Friedhof zur Pankratius-Kapelle *(Thema: Die Besiedlung des Monschauer Landes, S. 32).*

◆ Fahren Sie von der Kirche aus den Kirchenweg entlang und biegen Sie nach wenigen Metern rechts in die Straße Auf der Hardt *(Thema: Der Hardthof, S. 33)* mit Schild „Rochuskreuz" und Markierung WW 21, 22. Folgen Sie der Straße aus dem Ort bis zur Einmündung in die Straße Hengstbrüchelchen, die von Imgenbroich nach Mützenich führt. Auf der rechten Seite steht das Rochuskreuz *(Thema: Das Rochuskreuz, S. 34).*

◆ Biegen Sie nach rechts in die Straße Hengstbrüchelchen (K16) und folgen Sie dieser Richtung Mützenich an der Rochus-Mühle vorbei *(Thema: Die Rochus-Mühle, S. 34).* Dabei überqueren Sie die Vennbahn *(Thema: Die Vennbahn, S. 35).* Im Ort Mützenich heißt die Straße Kirschensteinweg.

Oben: Pankratius-Kapelle in Konzen

Unten: Rochuskreuz

◆ An der Einmündung in die Eupener Straße überqueren Sie diese und fahren die Straße Lauscheit weiter geradeaus, vorbei an einem Spielplatz. Fahren Sie weiter geradeaus in die Feldstraße. An der nächsten Feldstraßenkreuzung weiter geradeaus hangparallel durch die Heckenlandschaft.

◆ Am nächsten Straßenstern nehmen Sie die zweite Straße rechts (Steindrich), links am Haus mit dem Holzbalkon vorbei.

◆ An der nächsten Kreuzung biegen Sie nach links in die Straße Weilersbroich und folgen der Ausschilderung „Grillhütte" sowie dem WW A2.

◆ Nach ca. 150 m biegt der Weg zur Grillhütte (WW A2) nach links ab. Sie folgen ihm nicht, sondern fahren weiter geradeaus die Straße Weilersbroich entlang durch die gleichnamige Häueransammlung, wobei Sie nach rechts abzweigende Straßen unbeachtet lassen. Folgen Sie geradeaus der Feldstraße. Die Flurhecken werden immer seltener und große Wiesenparzellen mit Einzelhöfen

Am „Platte Venn"

dominieren hier im Bereich des „Platte Venn" bzw. „Eschweide" *(Thema: Vennkultivierung, S. 36).*

◆ An der Einmündung in eine quer verlaufende Feldstraße biegen Sie nach rechts ein und folgen dieser bis zur Reichensteiner Straße (L106). Rechts steht ein Hof mit einer sehr schönen und mächtigen Hausschutzhecke *(Thema: Hausschutzhecken, S. 44, Tour 3).*

◆ Nach links in die Reichensteiner Straße einbiegen und nach wenigen Metern wieder rechts in die Straße Platte Venn. Nach ca. 30 m biegt die Straße Platte Venn nach links ab. Sie fahren weiter geradeaus die Straße Kleinbüchel mit der Markierung des Fernradwegs (Drei-Länder-Route). Unterwegs haben Sie immer wieder schöne Ausblicke auf die Landschaft des Monschauer Landes. Nach etwa 600 m mündet von links wieder die Straße Platte Venn ein. Sie fahren weiter geradeaus.

◆ An der nächsten Straßeneinmündung biegen Sie nach links ein. Fahren Sie bis zur Einmündung in die Eupener Straße (L214). Überqueren Sie diese und folgen Sie der Straße Im Brand.

◆ Unmittelbar vor dem ersten Haus auf der linken Seite zweigen Sie in einen Forstweg nach links ab. (Wenn Sie die Straße Im Brand für einen Abstecher geradeaus fahren, kommen Sie zu einer Gastwirtschaft.) Folgen Sie dem Forstweg in der nächsten Rechtskurve, vorbei an dem nach links abzweigenden Weg mit dem Schild „Naturschutzgebiet" *(Thema: Das Hohe Venn, S. 130, Tour 9).* An der Einmündung einer Feldstraße von rechts fahren Sie weiter auf dem Forstweg geradeaus bis zu einer Schutzhütte. Unmittelbar hinter der Schutzhütte zweigt ein schmaler Fußweg nach links ab, dem Sie bis zu Kaiser-Karls-Bettstatt, einer Ansammlung von Quarzitblöcken,

Gut gepflegte Hausschutzhecke

folgen. Die Stelle eignet sich für ein Picknick *(Thema: Kaiser-Karls-Bettstatt, S. 37).*

◆ Kehren Sie zurück zum Forstweg und folgen Sie diesem nach links noch einige Meter. An der nächsten Wegkreuzung biegen Sie nach rechts in die Feldstraße ein und folgen WW A1.

◆ Nach 20 m zweigt eine betonierte Feldstraße nach links ab. Folgen Sie dieser nach links, dem Wanderweg A1 entlang. Nach 500 m kommen Sie an einem

Wegekreuz mit Bank vorbei. Dies ist mit 654 m ü. NN die höchste Stelle der Tour und eine der höchsten Stellen des Monschauer Landes überhaupt. Von hier können Sie bei guter Fernsicht einen wunderbaren Ausblick auf die Eifellandschaft genießen. An einigen Stellen fallen Steinwälle an den Wiesenrändern auf *(Thema: Spuren der Eiszeit, S. 135, Tour 9)*. Sie wurden bei der Kultivierung des Landes vor einigen hundert Jahren angelegt.

Kaiser-Karls-Bettstatt

◆ Folgen Sie der Feldstraße bis zur Einmündung in eine quer verlaufende Feldstraße und biegen Sie nach rechts ab. Fahren Sie den Berg hinunter immer geradeaus und lassen Sie abzweigende Feldstraßen und -wege unbeachtet (steile Abfahrt!). Im Ort heißt die Straße In den Stecken, sie mündet auf die Straße Schiffenborn (L106).

◆ Biegen Sie in den Schiffenborn nach links ein (Radweg). Kurz vor dem Ortsschild endet der Radweg. Folgen Sie der Straße weiter Richtung Konzen. Auf der linken Seite sehen Sie die Einzelhöfe mit Wiesen und Weiden des „Hatzevenns", das erst im 20. Jahrhundert urbar gemacht wurde.

◆ Nachdem Sie die Gleise der Vennbahn überquert haben, fahren Sie geradeaus in die Straße Am Feuerbach und folgen Sie dieser bis zur Kirche in Konzen und zum Parkplatz.

Steinwälle bei Mützenich

Die Besiedlung des Monschauer Landes

Im Ort Konzen, heute zur Stadt Monschau eingemeindet, liegt die Keimzelle der Besiedlung des Monschauer Landes. Zur Römerzeit gab es hier nur wenige Straßenverbindungen durch die dichten Buchen- und Laubmischwälder und die Moore des Hohen Venns mit einigen Relaisstationen bzw. Gehöften.

Pfarrkirche in Konzen

An der Pankratius-Kapelle fand man in den 1950er Jahren römische Siedlungsreste. Aus der Zeit der fränkischen Landnahme im 6. und 7. Jahrhundert n. Chr. gibt es keine Siedlungsnachweise in der Region. Erst unter den Karolingern begann eine erste Rodungstätigkeit. Eine Urkunde aus dem Jahr 888 n. Chr. nennt Konzen als „terra Cumeze" mit einem Königshof. Von hier aus wurde das Land urbar gemacht und Bauern angesiedelt.

Ein verstärkter Landesausbau erfolgte dann seit dem 13. und 14. Jahrhundert, als zahlreiche Dörfer auf der Hochfläche des Monschauer Landes gegründet wurden. Aus dieser Zeit stammt auch die erste schriftliche Erwähnung einiger Orte. Meist waren es Siedlungen auf der Hochfläche. Die Dörfer im Rurtal entstanden erst im 16. Jahrhundert. Nach und nach wuchsen die kleinen Rodungsflächen um die Weiler zu einer großen waldfreien Kulturland-Zone zusammen, die auch heute noch von Wäldern und dem Hohen Venn begrenzt wird.

Die Pankratius-Kapelle auf dem Friedhof in Konzen ist nachweislich die erste Mutterkirche im Monschauer Land. Sie wurde um das Jahr 890 errichtet. 1160 baute man am heutigen Standort der Kirche ein größeres Gotteshaus, eine dreischiffige romanische Säulenbasilika. Aus jener Zeit stammt wahrscheinlich auch das bis heute erhaltene Taufbecken. Ein Großbrand 1869 sowie die Schäden im Zweiten Weltkrieg führten zu einer völligen Umgestaltung der Kirche. Die Pankratius-Kapelle wird heute als Totenkapelle genutzt.

Bis in die 1920er Jahre fand im Mai eine Wallfahrt der Bewohner von Eupen nach Konzen zum Patron der Kapelle statt, dem hl. Pankratius, einem Schutzheiligen der Ritter und Nothelfer bei Augenleiden, Ekzemen, Migräne und Krämpfen.

Der Hardthof

„Hardt" ist die Bezeichnung für eine bewaldete Bergkuppe. Wahrscheinlich stand an dieser Stelle der ehemalige karolingische Königshof. Solche Königshöfe dienten als Lagerstationen für die Herrscher und ihren Begleittross, denn diese waren ständig auf Reisen durch das große Reich. Möglicherweise hat schon Karl der Große von hier aus Jagdausflüge unternommen. Königshöfe waren außerdem Sitze der Verwaltungsbeamten sowie Ablieferungsstelle des Zehnten.

Der Hardthof in Konzen

Diese Abgaben dienten unter anderem der Versorgung des Kaisers bzw. Königs und seiner Begleiter. Außerdem wurde auf dem Hof selbst eine Art Muster-Landwirtschaft geführt, die ein Beispiel für die bäuerliche Bevölkerung sein sollte. Um möglichst viele Abgaben zu erhalten, war man bemüht, Bauern in der Nähe der Königshöfe anzusiedeln. Daher stellten diese Höfe, wie das Beispiel vor Ort beweist, Keimzellen der Kolonisierung dar. Heute befindet sich an der historischen Stelle ein Dorfgasthof.

Heute befindet sich im Hardthof eine Gaststätte.

Das Rochuskreuz

Das Rochuskreuz

Das Kreuz in seiner heutigen Form wurde 1930 errichtet. Früher stand hier eine Kapelle. Die ursprüngliche Annahme, dass an dieser Stelle bereits im 17. Jahrhundert zur Zeit der großen Pestepidemien im Monschauer Land eine Kapelle gebaut und Rochus, dem Schutzheiligen der Pestkranken, geweiht worden sei, hat sich nicht bestätigt.

Die Kapelle wurde erst 1703 errichtet und eine Konzener Familie stiftete die zweimal jährlich stattfindende Messe. Nach mehrmaligen Einbrüchen und der Entwendung des Opferstocks wurde die Kapelle aufgegeben. Sie verfiel, so dass heute keine Spuren mehr erkennbar sind.

Umgebaute Rochus-Mühle

Die Rochus-Mühle

Die Rochus-Mühle wurde 1831 durch den Müller Konerz vom Gut Reichenstein *(Thema: Gut Reichenstein, S. 166, Tour 11)* errichtet.

Trotz der Konzession für zwei oberschlächtige Wasserräder wurde nur eines installiert. Der Müller hatte sich finanziell beim Bau der Anlage übernommen und verkaufte die Mühle 1835 an den Imgenbroicher Tuchindustriellen Böhme. Der baute die Gebäude zu einer Waschanlage für Wolltuche um.

Für eine regulierte Wasserzufuhr sorgte der bereits im 18. Jahrhundert angelegte Troisdorfer Weiher des Monschauer Tuchindustriellen Troisdorff. Dieser wollte damals die Wassermenge des Laufenbachs steuern, um die Wasserräder seiner Fabriken in Monschau kontinuierlich betreiben zu können. Ab 1876 wurde die Rochus-Mühle wieder als Mahlmühle für Getreide genutzt. Diese Aufgabe erfüllte sie bis kurz nach dem Zweiten Weltkrieg.

Die Vennbahn

Bereits der Grenzstein auf der Wiese oberhalb der Gleisanlage beweist, dass die Vennbahn bis heute eine Besonderheit darstellt: Der über weite Teile durch Deutschland führende Gleiskörper sowie einige Meter rechts und links davon sind belgisches Staatsgebiet.

Schon Mitte des 19. Jahrhunderts gab es eine Initiative zum Bau einer Bahnverbindung von Aachen in Richtung Eifel zur Erschließung des Raumes um Monschau, Malmedy und St. Vith. Als die wichtige Bahnstrecke zwischen Köln und Aachen 1841 mit ihrer späteren Fortsetzung nach Antwerpen gebaut wurde, geriet das Mittelgebirge im Vergleich zu den Wirtschaftsräumen um Aachen und Düren ins Hintertreffen. Immer wieder bemühten sich die Monschauer Tuchfabrikanten um den Bau einer Eisenbahnstrecke. Sie wurde erst 1885 verwirklicht, als es bereits zu spät für die niedergehende Tuchindustrie des Raumes war. Mit dem Bau des Truppenübungsplatzes Elsenborn erhielt die Vennbahn ab 1900 große Bedeutung als Militärbahn. Nach dem Ersten Weltkrieg wurde die Bahnlinie im Rahmen des Versailler Vertrags an Belgien abgetreten. Die Strecke blieb bis 1989 in Betrieb, zuletzt nur noch für Güter- und Militärtransporte. Kurz vor der endgültigen Stilllegung wurde 1990 ein Verein gegründet, der die Vennbahn übernahm und an Wochenenden mit Fahrten bis Bütgenbach/Büllingen bzw. Trois-Ponts/Malmedy touristisch nutzt.

Das Kreuz unmittelbar an der Gleisanlage erinnert an den tragischen Unfall von 1971: Ein Schulbus kollidierte an dem unbeschrankten Bahnübergang mit dem Zug, drei Kinder starben. Das größte Unglück in der Geschichte dieser Bahn ereignete sich 1890 auf der Strecke Monschau–Kalterherberg, als zwei Züge frontal zusammenstießen. Es gab fünf Tote und 14 Verletzte.

Bahnübergang der Vennbahn

Gedenkkreuz

Vennkultivierung

Höfe am „Platten Venn"

Dem Hohen Venn versuchte man jahrhundertelang landwirtschaftlich nutzbaren Boden abzuringen, allerdings lange Zeit in nur kleinem Maßstab. Man nutzte die vorhandenen Ressourcen, stach Torf als Brennstoff zum Heizen, trieb das Vieh in die Heide und mähte Heide und Pfeifengras als Einstreu für den Winter. Mit der Neuordnung der politischen Grenzen 1815 begann der Preußische Staat, die Landwirtschaft zu verbessern. Dazu zählten die Wiesenbe- und -entwässerung sowie die Überführung von Brachland in Dauerkulturland. Großflächige Vennkultivierung betrieb man erst Ende des 19. Jahrhunderts.

Eine der ersten größeren Kultivierungsflächen dieser Art war das „Platte Venn" bei Mützenich. 1898 verkaufte die Stadt Monschau den rund 80 ha großen Bereich an den Staat. Darin eingeschlossen waren auch kleine private Flächen sowie eine Versuchsstation des landwirtschaftlichen Zentralvereins. Die Kultivierung mit Hacke und Schaufel, unterstützt durch wenige Maschinen, erfolgte mit Strafgefangenen. In dem 1908 veröffentlichten Roman *Das Kreuz im Venn (Thema: Das Kreuz im Venn, S. 167, Tour 11)* hat Clara Viebig, eine der meistgelesenen Schriftstellerinnen ihrer Zeit, diese Begebenheit verarbeitet. Ab 1900 wurde die Fläche in Kolonate aufgeteilt und an Siedler bzw. Dorfbewohner verpachtet.

Eine der größten Maßnahmen war 1922 die Überführung von 684 Morgen Venngebiet des Hatzevenns zwischen Mützenich und Konzen in Dauerkulturland. Die Arbeiten wurden unter anderem von Motordampfpflügen unterstützt. Allerdings kam es nach Abschluss nicht zur Errichtung des vorgesehenen Gutsbetriebs. Vielmehr wurde das Land an einzelne Siedler übereignet.

Die letzte große Kultivierungsmaßnahme in der Region fand nach dem Zweiten Weltkrieg im Bereich Raffelsbrand (bei Vossenack, heute Kreis Düren) statt. Teile des durch den Krieg völlig verwüsteten Hürtgenwalds wurden in Grünland umgewandelt. Bäuerliche Flüchtlinge aus den ehemaligen deutschen Ostgebieten und Bewohner des Dorfes Wollseifen, das durch die Einrichtung des Militärgebiets Vogelsang aufgegeben werden musste, siedelten sich an.

Kaiser-Karls-Bettstatt

Die Steine, die an eine Liegefläche erinnern, bilden aufgrund ihrer Lage an einem der höchsten Punkte des Monschauer Landes seit alters her eine markante Stelle in der Landschaft.

Geologisch gesehen gehören die großen Quarzitblöcke zum ältesten Grundgebirge der Region aus dem Kambrium (600 Mio. Jahre alt), das den kambrischen Gebirgsblock des Hohen Venn bildet. Sein Schiefergestein ist im Laufe der Zeit zu wasserundurchlässigem tonigen Lehm verwittert, auf dem sich später die Hochmoore bilden konnten. Das Quarzitgestein dagegen ist wesentlich härter und tritt in der Form von einzelnen Blöcken zu Tage. Der Schiefer, den man im Monschauer Land und an vielen Stellen der Eifel findet, ist dagegen jünger und daher noch in seiner Struktur erhalten (Thema: Eifeler Devonschiefer, S. 60, Tour 4).

Die auffälligen Steine werden bereits 1205 als Grenzsteine des Territoriums von Reichenstein erwähnt. Heute verläuft hier unmittelbar die Grenze zu Belgien – wie ein Grenzstein in der Nähe beweist.

Der Name „Kaiser-Karls-Bettstatt" leitet sich aus der Form der Quarzitblöcke ab und weist auf einen angeblichen Lagerplatz Karls des Großen hin. Eine Sage erzählt: Eines Tages verirrte sich Kaiser Karl auf einem Jagdausflug und entdeckte die Steine. Müde legte er sich darauf schlafen. Zwei Brüder, die ihm feindlich gesinnt waren, fanden ihn. Einer der Brüder wollte dem Schlafenden mit dem Schwert den Kopf abschlagen, der andere aber fand es unehrenhaft, einen wehrlosen Mann im Schlaf zu ermorden, und rief: „Mütze nicht!" Dieser Ausruf führte angeblich zur Namensgebung des Ortes Mützenich – so erzählt man es sich jedenfalls ...

Oben: Die Quarzit-blöcke der Kaiser-Karls-Bettstatt laden zur Rast ein.

Unten: Feldlese-steine auf Wiesen nahe Mützenich

18.05.08

Hausschutzhecken und Vennhäuser

Wanderung durch Höfen und Umgebung

Schwierigkeitsgrad: Abkürzung leicht, auch mit Kinderwagen zu begehen; volle Strecke mittel wegen einer Steigung von 70 m Höhenunterschied im letzten Drittel

Gegenüber: Hausschutzhecke in Höfen

Busverbindung: Linie 84 ab Monschau

Anfahrt mit dem Pkw:

• aus Richtung Aachen B258 über Roetgen – Konzen – Imgenbroich – Monschau nach Höfen

• aus Richtung Köln/Düren B399 bis Monschau/Imgenbroich, dort auf die B258 bis Höfen

• aus Richtung Bonn/Euskirchen B266 bis Schleiden, B258 Richtung Monschau nach Höfen

Parkmöglichkeit: Parkplatz an der Kirche im Ortszentrum an der Hauptstraße

Ausgangspunkt: Parkplatz an der Kirche

Wegmarkierungen: teilweise ohne, teilweise Wegmarkierungen des Eifelvereins

Tourenlänge: volle Strecke 5,5 km; Abkürzung 2,2 km

Wanderzeit: volle Strecke 1,5 Stunden; Abkürzung 45 Minuten

Einkehrmöglichkeiten: Cafés und Gaststätten im Ortszentrum von Höfen, Höfener Mühle

Besondere Hinweise: Empfohlen wird der Abstecher zum Haus Seebend, Hauptstraße 123, Höfen, mit Besuch der Ausstellung „Buchenhecken und Narzissentäler", (Ö) Samstag und Sonntag jeweils nachmittags. Genaue Zeiten je nach Sonderausstellung erfragen unter Tel. 02472–91 28 86.

Empfohlene Jahreszeit: ganzjährig

Hausschutzhecke in der Straße Alter Weg

Streckenverlauf

◆ Der Parkplatz an der Kirche befindet sich im Zentrum von Höfen *(Thema: Das Dorf Höfen, S. 43)*. Gehen Sie, die Kirche im Rücken, rechts die Hauptstraße (B258) hinunter bis zur Einmündung der Straße Alter Weg auf der linken Seite.

◆ Biegen Sie links in die Straße Alter Weg ein. Gleich auf der rechten Seite sehen Sie eine mächtige Hausschutzhecke *(Thema: Hausschutzhecken, S. 44)*.

◆ Nehmen Sie die nächste Straße, den Bruchweg, rechts. Nach einigen Metern kommen Sie an einem alten Bauernhaus auf der rechten Seite vorbei *(Thema: Historische Bauweise im Monschauer Land, S. 45)*. Überqueren Sie die B258 und gehen Sie den Bruchweg weiter bis zur Einmündung in die Straße Wiesengrund.

◆ Hier biegen Sie rechts ab.

◆ An der nächsten Straßeneinmündung gehen Sie nach rechts in die Straße Ochsenweide.

Oben: Hecken-
reste in der Straße
Pferdebahn

◆ Gehen Sie bis zur Kreuzung und biegen Sie nach links in die Pferdebahn ab. Hier erkennt man noch Reste alter Flurhecken, die inzwischen mangels Pflege und durch Viehverbiss zu Bäumen hochgewachsen sind.

◆ Folgen Sie dann der Triftsstraße nach links für 200 m. Auf der linken Straßenseite sieht man schöne Hausschutzhecken mit eingesetzten Stangengerüsten zur Stabilisierung *(Thema: Heckenpflege, S. 20, Tour 1)*.

Unten: Das
Heckenholz wird
auch heute noch
zum Heizen benötigt.

◆ Biegen Sie nach rechts in die Weiherstraße ein. In dieser Straße befindet sich noch eine größere Anzahl alter Bauernhäuser. Besonders eindrucksvoll ist das Haus Nr. 16 mit Reetdach und einer sehr hohen Hausschutzhecke *(Thema: Alte Dachdeckungen, S. 47)*. An der Einmündung der Weiherstraße in die Hauptstraße (B258) liegt auf der linken Seite der alte Dorfweiher von Höfen, heute eine Grünanlage, sowie gegenüber die Gebäude der ehemaligen Molkerei *(Thema: Landwirtschaft früher und heute, S. 48)*.

Oben: Haus Seebend

Unten: die renovierte Höfener Mühle

Abkürzung:
◆ Biegen Sie nach rechts in die Hauptstraße und folgen Sie dieser bis zum Parkplatz an der Kirche.

Volle Strecke:
◆ Biegen Sie nach links in die Hauptstraße und folgen Sie dieser für ca. 500 m bis zur Abzweigung der Straße Im Sief.
◆ Gehen Sie dort nach rechts. Auf Ihrem Weg kommen Sie unter anderem an einem der bekanntesten Fotomotive des Monschauer Landes, einer mächtigen Hausschutzhecke mit eingeschnittenem Torbogen, vorbei.

Abstecher:
◆ Folgen Sie der Hauptstraße weiter bis zum Haus Seebend mit der Hausnr. 123. Hier gibt es eine Ausstellung über das Monschauer Heckenland und die Narzissentäler des Deutsch-Belgischen Naturparks Hohes Venn-Eifel. Gehen Sie anschließend wieder zurück bis zur Abzweigung der Straße Im Sief.

Hauptstrecke:
◆ Biegen Sie nach rechts in die Straße Im Sief und folgen Sie ihr bergab bis zur Einmündung auf den Mühlenweg (K25).
◆ In diesen biegen Sie nach rechts ab und folgen ihm bis zur Brücke über den Perlenbach. Auf der anderen Bachseite steht die Höfener Mühle *(Thema: Die Höfener Mühle, S. 49).*
◆ Vor dem Perlenbach mündet ein bachparalleler Forstweg ein (WW A1, 4, Fernwanderweg 12), dem Sie nach rechts folgen. Den sofort wieder nach rechts abzweigenden Fußpfad (WW A1 nach Höfen) lassen Sie unbeachtet. Nach ca. 800 m erreichen Sie den Staubereich der Perlenbachtalsperre *(Thema: Die Perlenbachtalsperre, S. 170, Tour 11).* Bei Vollstau beginnt hier der Wasserspiegel des Stausees.
◆ Nach einer Linkskurve zweigt nach rechts ein Forstweg (WW A1) ab, dem Sie den Berg hoch, dann in Kurven aus dem Wald heraus bis Höfen zur Einmündung in die Hauptstraße folgen.
◆ Biegen Sie nach links in die Hauptstraße und gehen Sie diese bis zum Parkplatz an der Kirche.

Das Dorf Höfen

Die erste schriftliche Erwähnung des Dorfes Höfen datiert aus dem Jahr 1361. In einer Übertragungsurkunde der Herzöge von Jülich, der damaligen Landesherren, wird der Ort „Hoeue" genannt. Aus den ursprünglich wenigen Einzelhöfen auf dem lang gezogenen Höhenrücken erwuchs nach und nach die Ortschaft als lange, schmale Siedlung, deren Häuser durch eine Straße verbunden wurden. Gründe für das Ortsbild waren die naturräumlichen Gegebenheiten. Die steil eingeschnittenen Täler des Perlenbachs und der Rur bildeten eine Grenze für den Ackerbau. Außerdem gab es entlang des Höhenrückens Wasseradern, die die Anlage von Brunnen und somit auch der Häuser begünstigten. Auch heute noch vermittelt

Höfen – trotz seiner starken Ausweitung seit dem Zweiten Weltkrieg – den Charakter eines Straßendorfes. Nicht zuletzt wegen der zahlreichen gut erhaltenen, ehemaligen Bauernhäuser und Hausschutzhecken ist Höfen 2001 zum wiederholten Male im Bundes-Wettbewerb „Unser Dorf soll schöner werden" mit einer Goldmedaille ausgezeichnet worden. Der Ort hat inzwischen rund 2000 Einwohner und ist als Ortsteil zur Stadt Monschau eingemeindet.

Oben: das Ortswappen von Höfen

Mitte: Im „Golddorf" Höfen gibt es noch zahlreiche Fachwerkhäuser.

Dorfstraße in Höfen kurz nach 1900

Hausschutzhecken

Charakteristisch für das Monschauer Heckenland sind seine Hausschutz- und Flur- bzw. Durchwachserhecken. Besonders eindrucksvolle Exemplare von Hausschutzhecken, die wie grüne Mauern die dahinter liegenden Häuser vor schlechten Witterungseinflüssen schützen, findet man in Höfen, Kalterherberg und Eicherscheid. Wie die Flurhecken bestehen auch die Hausschutzhecken überwiegend aus Rotbuche (glatter Blattrand, Blattrippen nicht so stark ausgeprägt wie bei der Hainbuche). Gelegentlich sind sie durchsetzt mit Hainbuchen (gesägter Blattrand, stark ausgeprägte Blattrippen) und Stechpalme. Im Gegensatz zur Hainbuche verliert die Rotbuche ihre im Herbst

Hausschutzhecke als grüne Mauer

eingetrockneten Blätter im Heckenverband sehr spät im Jahr, häufig erst bei Erscheinen der neuen Blätter im Frühjahr. Daher sehen die Haushecken auch im Winter wie rotbraune Mauern aus und bremsen den Wind ab.

Das Alter von Hausschutzhecken ist schwer zu ermitteln. Bereits auf den ersten genauen kartographischen Aufnahmen von Müffling und Tranchot während der Franzosenzeit zu Beginn des 19. Jahrhunderts sind sie als dichtes Netz im Dorf zu erkennen. Die ältesten einzelnen Heckenstämme sind etwa 200–250 Jahre alt. Heute gibt es im Monschauer Land noch ca. 900 Hausschutzhecken mit einer Mindesthöhe von 3 m. Ihre Gesamtlänge beträgt ca. 25 km. Sie sind in einem Heckenkataster verzeichnet und stehen unter Naturschutz, so dass ein Roden nur in begründeten Ausnahmefällen und mit Genehmigung der Unteren Landschaftsbehörde möglich ist. Als kleinen Ausgleich für die sehr aufwändige Pflege bzw. den Schnitt der Hausschutzhecken gibt es seit 1953 eine Prämierung, die seit 1973 der Kreis Aachen durchführt. Die maximale Förderung beträgt bei einer Hausschutzhecke von mindestens 5 m Höhe und 40 m Länge 48,60 Euro pro Hecke. Leider werden wegen des Pflegeaufwandes heute kaum noch neue Hausschutzhecken gepflanzt.

Historische Bauweise im Monschauer Land

Die alten Gebäude in den Dörfern des Monschauer Landes zeigen zahlreiche typische
Merkmale, weisen aber auch eine Vielfalt
der Formen auf. Charakteristisch für die
meisten ländlichen Anwesen bis ins ausge-
hende 19. Jahrhundert war, dass sie fast
immer Wohnraum und Stall unter einem
Dach vereinten und aus örtlich vorhandenen
Materialien gebaut waren.

   Der Ständerbau in der Ausprägung als
Fachwerkkonstruktion, die das Dach trägt,
hat sich spätestens im Frühmittelalter mit
der Ausbreitung und Etablierung fränkischer
Stämme im Rheinland durchgesetzt. Im Mon-

schauer Land baute man schon aus wärmetechnischen Gründen
Wohnraum und Stall und die zur Hauptwindrichtung gesetzte
Scheune unter einem Dach. Für das Fachwerkgerüst benutzte man
meist Eichenholz. Das Holz wurde im Winter geschlagen und in
noch frischem Zustand von den Zimmerleuten auf den Richtplatz
zum Fachwerkgerüst gefügt. Anschließend wurden die mit Zeichen markierten Hölzer wieder auseinander genommen, zum

*Ein tief herunter
gezogenes Dach
schützte den Hof
vor schlechten
Witterungsein-
flüssen.*

*Vennhaus um
1900*

Oben: im rechten Winkel angebaute Scheune beim Winkelhof

Unten: alter Hausbrunnen im Garten

Bauplatz gebracht und dort zum stehenden Gerüst zusammengebaut. Die „Fache" zwischen den Hölzern wurden mit einem Flechtwerk aus gespaltenen dünnen Hölzern und Weidenruten ausgefüllt und mit einer Mischung aus Stroh und Lehm beworfen. Den Abschluss bildete ein Kalkputz. Zur Wetterseite hin waren die Wände häufig aus Bruchstein gemauert. Das Dach deckte man meist mit Stroh, seit dem 19. Jahrhundert auch mit Tonziegeln *(Thema: Alte Dachdeckungen, S. 47)*.

In den vennnahen Dörfern wie Kalterherberg, Mützenich und Höfen sind bis heute so genannte Vennhäuser erhalten. Sie besitzen breite Giebel, meist zwei bis drei Räume tief, und vereinen den Wohnbereich sowie die Wirtschaftsräume hintereinander unter einem Giebel. Beeindruckend ist insbesondere das auf beiden Seiten tief heruntergezogene Satteldach. In den übrigen Dörfern dominierten Häuser, die nur zur Wetterseite ein herunter gezogenes Dach besaßen, oder Höfe, bei denen der Scheunenteil im rechten Winkel angebaut war, so genannte Winkelhöfe. Der Innenhof sowie der Hauseingang lagen hier geschützt vor den Südwestwinden nach Nordosten. Zusätzlich wurde zur Hauptwindrichtung eine Hausschutzhecke gepflanzt.

Das Haus betrat man meist von der Traufseite, bei einigen Häusern auch von der Giebelseite, und man befand sich gleich in der Küche mit der offenen Herdstelle. Öfen zum Kochen und Heizen kamen erst Mitte des 19. Jahrhunderts auf. Neben der Küche gab es noch einen oder mehrere kleine Räume zum Wohnen und Schlafen, die meist unterkellert waren. Häufig lebten in dem oft nicht mehr als 50 m² umfassenden Wohnbereich Familien mit mehr als zehn Personen. Auf der gegenüber liegenden Seite konnte man direkt von der Küche in den Stall gehen.

Die Wasserversorgung erfolgte über einen Brunnen entweder im Keller oder im Garten, man kochte und heizte mit Buchenholz der Hecken und mit Torf aus den Hochmooren des Hohen Venns. Meist standen die Häuser separat, sie hatten Garten- und Weideflächen für das Jungvieh direkt am Haus. Dagegen lag das übrige bewirtschaftete Land in kleinen Parzellen weit verstreut in der Feldflur.

Alte Dachdeckungen

Mit Ausnahme der städtischen Häuser in Monschau, deren Besitzer es sich leisten konnten, die Dächer mit Schieferplatten zu decken, wurde auf dem Lande bis ins 19. Jahrhundert hinein die Deckung mit weichem Material bevorzugt. Es war wesentlich billiger und von den Bauern selbst zu beschaffen. Bereits seit dem Mittelalter und der frühen Neuzeit ist die Deckung mit Wildgräsern und Ginster belegt. Dieses in der Fachsprache „Schmillendach" genannte Dach wurde im 18. und 19. Jahrhundert immer seltener und ist heute nicht mehr anzutreffen. Neben Wildgräsern wie der Rasenschmiele (Schmille = Schmiele) nutzten die Landwirte in erster Linie Roggenstroh zu Deckung. Die dafür benötigten

Oben: neues Reetdach in Höfen

Unten: Haus mit Strohdach um 1900

langen, harten Halme erzeugte man auf so genanntem Schiffelland. Das Schiffeln ist eine spezielle Bewirtschaftungsart: Parzellen, die relativ weit vom Dorf entfernt lagen, wurden nur alle 8–15 Jahre unter den Pflug genommen. Dazu musste man zuerst die oberste Heide-, Gras- und Strauchschicht abschälen. Sie wurde verbrannt und die Asche ausgestreut. Darauf säte man Roggen. Dieser Schiffelroggen war sehr begehrt als Saatgetreide (unkrautfrei) und wegen seines starken langen Strohs. Nach der Ernte säte man meist im zweiten Jahr den anspruchslosen Hafer und überließ das Feld dann jahrelang sich selbst, bevor es wieder genutzt wurde. Das preiswerte und gut isolierende Strohdach hielt etwa 40 Jahre und musste nur gelegentlich stellenweise ausgebessert werden. Wegen seiner Feuergefährlichkeit setzte die Preußische Regierung 1836 bzw. 1838 durch, dass ausschließlich arme Leute weiterhin ein neues Strohdach auf ihre Häuser setzen durften. Ansonsten waren nur Ausbesserungsarbeiten erlaubt. Nach und nach wurden die Weichdächer im Monschauer Land durch Tonziegeldächer ersetzt. Heute gibt es in Höfen nur noch ein Haus in der Straße Im Sief, das z. T. eine Strohdeckung aufweist. Alle anderen Häuser im Ort mit Weichdach sind mit Reet gedeckt, das aus den Niederlanden bzw. Norddeutschland stammt. Ein solches Reetdach hat beispielsweise das Gebäude in der Weiherstraße.

Das Gebäude der ehemaligen Molkerei in Höfen zeigt, dass sich in den Jahren seit dem Zweiten Weltkrieg ein massiver Strukturwandel in der Eifeler Landwirtschaft vollzogen hat. Noch bis zu Beginn des 20. Jahrhunderts erzeugten die Bauern auf ihren Höfen mit meist geringem Landbesitz (im Schnitt 8–15 ha) nicht nur Milch- und Fleischprodukte, sondern auch Getreide sowie Kartoffeln. Grünland und Ackerflächen wechselten sich um die Dörfer ab. Maßnahmen zur Verbesserung der Landwirtschaft drängten aber dazu, den wegen der Höhenlage, der schlechten Bodenverhältnisse und der Witterung nur mäßig rentablen Ackerbau zugunsten der Milcherzeugung aufzugeben.

Vor dem Zweiten Weltkrieg waren Kühe und Ochsen unentbehrliche Helfer als Zugtiere.

Durch den Bau der Eisenbahn und der damit verbundenen Verbesserung der Eifeler Infrastruktur insbesondere seit den 1880er Jahren gab es die Möglichkeit, die leicht verderblichen Molkereiprodukte schnell auf die Märkte der Städte zu bringen. Um 1900 gründeten sich daher zahlreiche Molkereigenossenschaften in der Region. In vielen Orten entstanden eigene Molkereien, in denen man überwiegend Sahne und Butter produzierte. Spätestens jedoch in den 1970er Jahren, als die Landwirtschaftspolitik im Rahmen der EU europaweit organisiert wurde, konnten sich diese kleinen Molkereibetriebe nicht mehr halten. Heute gibt es in der ganzen Eifel nur noch zwei Großmolkereien, die in Hillesheim und die in Pronsfeld. Zahlreiche Klein- und Nebenerwerbslandwirte haben ihre Produktion aufgegeben. Nur wenige Großbauern mit über 100 Milchkühen können noch rentabel arbeiten, was auch das Landschaftsbild verändert hat. Heute grasen Pferde und Schafe von Hobbytierhaltern vielerorts auf den Weiden.

Auch die Flurbereinigung in den 1960er und 1970er Jahren trug zur Dominanz der Grünlandwirtschaft bei. Ein großer Teil der alten Flurhecken wurde zerstört und das engmaschige Netz der alten Flurhecken durch wenige lange, gerade Hecken ersetzt.

Die Höfener Mühle

Die Höfener Mühle, auch Perlenbacher Mühle genannt, liegt an einem ehemaligen Karrenweg zwischen den Orten Höfen und Kalterherberg im Perlenbachtal. Die Konzession zur Nutzung der Wasserkraft und zum Betrieb eines Wasserrads für die Mahlmühle wurde am 9. September 1805 erteilt. Damals stand das Monschauer Land unter französischer Herrschaft. Der Mühlenbann war bereits aufgehoben, so dass die Bauern in den für sie am günstigsten gelegenen Mühlen ihr Getreide mahlen lassen konnten.

Höfener Mühle um 1930

Über die ersten Besitzer der Mühle ist nichts bekannt. 1820 wird als Müller ein Matthias Sietz, ab 1831 Christian Schäfer in den Akten genannt. 1847 ging die Mühle in den Besitz der Familie Theissen über, in deren Händen sie sich bis heute befindet.

Ursprünglich besaß die Mühle nur einen Mahlgang. Er wurde durch ein oberschlächtiges Rad (Wasserzulauf von oben) betrieben. Die Mühle rentierte sich aber offensichtlich, denn seit 1830 waren bereits zwei Mahlgänge vorhanden und zwei Arbeiter vor Ort beschäftigt. Trotzdem konnten die Müller nicht auf eine Nebenerwerbslandwirtschaft verzichten. Zur Anlage gehörten neben dem Wohn- und Mühlenteil auch Stallungen und Scheune. Eine kleine Gaststube vertrieb den Bauern die Wartezeit auf ihr Mehl – was bei reichlichem Schnapskonsum laut Überlieferung zur Folge hatte, dass mancher Fuhrmann auf dem Heimweg auf seinen Mehlsäcken einschlief und es ein böses Erwachen gab, wenn die Pferde oder Ochsen ihn statt nach Höfen oder Rohren nach Harperscheid (Richtung Hellenthal) gezogen hatten.

Die Mühle wurde im Zweiten Weltkrieg stark zerstört. Nach ihrem Wiederaufbau ist das Mahlwerk noch eine kurze Zeit in Betrieb gewesen, bis schließlich die Konkurrenz der elektrischen Großmühlen sowie die schlechte Verkehrsanbindung der meist einsam im Tal liegenden Betriebe ein allgemeines Mühlensterben in der Eifel in den 1950er Jahren einleitete. Heute befindet sich in der ehemaligen Mühle ein gastronomischer Betrieb.

Alte Handwerke und Industrien

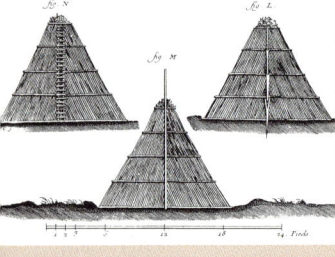

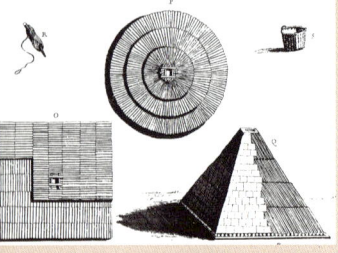

Für die meisten Besucher ist das Monschauer Land heute vor allem eins: ein Erholungsraum mit viel Wald, abwechslungsreicher Kulturlandschaft und schmucken Dörfern. Da fallen die wenigen Gewerbegebiete am Rande einiger Ortschaften nicht sonderlich ins Auge. Doch dieser Eindruck täuscht. Der Monschauer Raum ist eine alte Gewerbe- und sogar Industrieregion, deren Produkte, insbesondere die der Eisen- und Textilverarbeitung, europaweit exportiert wurden. Diese Gewerbe- und Industriezweige boten der Landbevölkerung, die von der wenig ertragreichen Landwirtschaft mehr schlecht als recht lebte, bis zum Ende des 19. Jahrhunderts einen willkommenen Neben- oder auch Haupterwerb. Außerdem förderten sie lokales Handwerk, insbesondere Zulieferbetriebe. Nicht nur die Rodungstätigkeit der Menschen, die dem Wald und dem Venn landwirtschaftliche Fläche abringen wollten, veränderte seit dem Mittelalter die Landschaft der Eifel. Auch der Bergbau, z. B. der Abbau von Schiefer und Eisenerz, und vor allem die mit der Eisengewinnung eng verbundene Köhlerei änderten das Landschaftsbild bis zum 18. Jahrhundert gravierend. Noch heute findet man Spuren des Schieferabbaus wie Steinbrüche und Halden, aber auch ehemalige Stollen, etwa in der Nähe von Rollesbroich, Huppenbroich oder Monschau, im Tiefenbach-, Püngel- und Wüstebachtal. Das relativ weiche, in geschichteten Platten abgebaute Schiefergestein eignete sich besonders gut für die Dachabdeckung und Wandverkleidung städtischer Wohnhäuser. Das oberflächlich in Pingen oder im Stollenbergbau gewonnene Eisenerz kam in die Eisenhüttenwerke der Umgebung, ins Kalltal nach Simonskall, ins Schleidener Tal oder in die Hütten an der Vicht bei Stolberg. Auch die Arbeit der Köhler als Zulieferer von

Holzkohle für die Eisenverhüttung ist noch mancherorts präsent. Allerdings erkennt nur das geübte Auge die ehemaligen Meilerplatten im Wald, die Plätze, auf denen die Holzkohlenmeiler abgebrannt wurden. Der Bedarf der Eisenhütten der Eifel an Holzkohle vor allem im 16.–18. Jahrhundert war so groß, dass weite Waldflächen komplett abgeholzt wurden und zu Heide- und Ödlandflächen degradierten. Diese Bereiche bildeten schließlich

die Grundlage für ein anderes Gewerbe der Eifel und insbesondere des Monschauer Landes: die Textilproduktion. Sie boten nämlich Weideflächen für zahlreiche Schafherden, diese wiederum lieferten Wolle für die heimischen Wolltuche.

In der Stadt Monschau wurden zunächst auf der Grundlage einheimischer Wolle grobe Tuche (Walkstoffe) gefertigt. Mit der Zuwanderung insbesondere protestantischer Tuchhersteller änderte sich die Qualität der Erzeugnisse seit dem Ende des 17. Jahrhunderts. Im Laufe der Zeit verwandte man in zunehmendem Maße feinere Importwolle, z. B. aus Spanien. Europaweite Bedeutung erlangte die Monschauer Textilproduktion aber vor allem durch Johann Heinrich Scheibler, der nicht nur auf die feine Wollqualität setzte, sondern auch spezielle Färbe- und Verarbeitungsmethoden anwandte und feinste Tuche entsprechend der damaligen Mode herstellte. Tuchmacherfamilien, darunter Scheibler, Offermann, Troisdorff und Elbers, bildeten schon bald die Oberschicht der Stadt. Monschau erlebte im 18. Jahrhundert seine größte wirtschaftliche Blüte. Die zahlreichen ehemaligen Wohn-, Geschäfts- und Industriebauten der Textilindustriellen im Monschauer Stadtbild sind ein beredtes Zeugnis der damaligen Bedeutung. Im Laufe des 19. Jahrhunderts verlor dieser Industriezweig schnell an Bedeutung. Die schlechte Verkehrsanbindung, die veränderte Mode und die mangelhafte Möglichkeit, im engen Rurtal die Fabrikationsanlagen zu erweitern und zu modernisieren, ließen die hiesige Industrie ins Abseits geraten. Heute ist die Monschauer Textilproduktion nur noch Geschichte.

Schieferbrüche, Köhler und Fledermäuse

Wanderung durch das Wüste- und Püngelbachtal

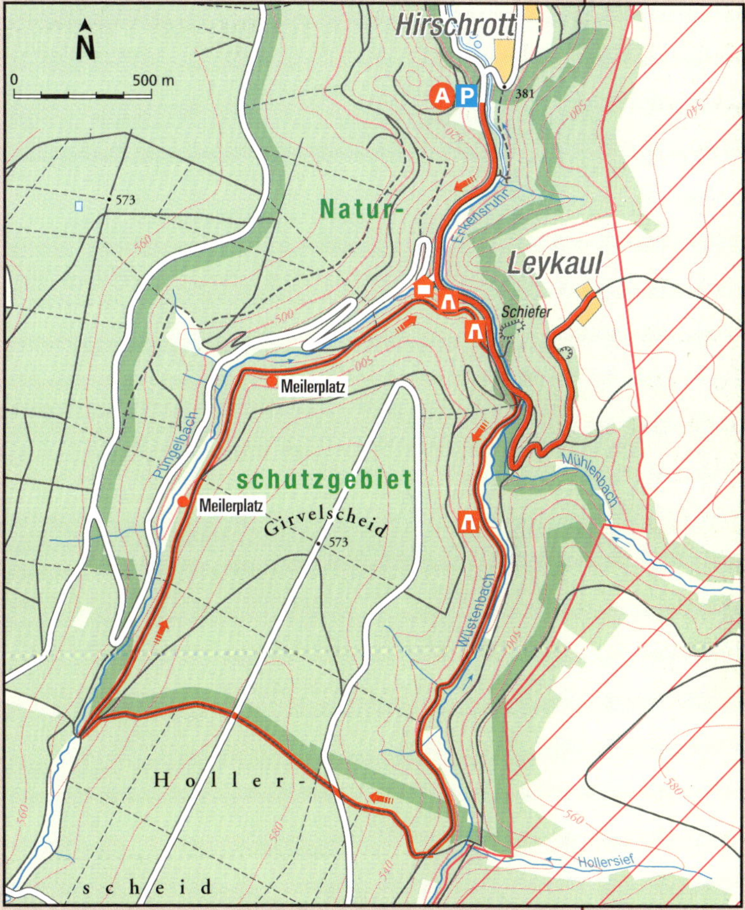

N̂

0   500 m

Hirschrott

A P • 381

Natur-

Leykaul

• 573

Schiefer

• Meilerplatz

schutzgebiet

• Meilerplatz   *Girvelscheid*

573

Mühlenbach

Wüstenbach

Püngelbach

Erkensrünt

H o l l e r -

s c h e i d

Hollersief

Schwierigkeitsgrad: mittel; steiler Auf- und Abstieg zum Hof Leykaul (Abstecher)

Gegenüber: der Wüstebach

Busverbindungen: Linien 63 und 83 nach Erkensruhr/Finkenauel

Anfahrt mit dem Pkw:

• aus Richtung Aachen B258 nach Roetgen – Lammersdorf – Rollesbroich – Kesternich, B266 bis Einruhr, Abzweig Erkensruhr/Hirschrott

• aus Richtung Köln/Düren B399 nach Simmerath, dort auf die B266 bis Einruhr, Abzweig Erkensruhr/Hirschrott

• aus Richtung Bonn/Euskirchen B266 nach Mechernich – Kommern – Gemünd – Einruhr, kurz vor Einruhr Abzweig nach Erkensruhr/Hirschrott

Parkmöglichkeit: Wanderparkplatz am Ende der Straße in Hirschrott

Ausgangspunkt: Wanderparkplatz am Ende der Straße in Hirschrott

Wegmarkierungen: teilweise ohne, teilweise Wegmarkierungen des Eifelvereins

Tourenlänge: volle Strecke 12 km; ohne Abstecher 9,8 km

Wanderzeit: volle Strecke 3 Stunden; ohne Abstecher 2,5 Stunden

Einkehrmöglichkeiten: unterwegs keine, Gaststätten und Cafés in Hirschrott und Erkensruhr

Besondere Hinweise: Festes Schuhwerk ist wegen einiger feuchter Abschnitte ratsam.

Empfohlene Jahreszeit: warme Jahreszeit, zum besseren Erkennen der Schieferhalden auch unbelaubte Zeit

Typische Pflanze in Schluchtwäldern: Hainsternmiere

Streckenverlauf

◆ Vom Parkplatz wandern Sie nach Süden auf der Waldwirtschaftsstraße das Tal der Erkensruhr hinauf, die sich allmählich in
einen Weg verwandelt und sporadisch mit WW 28 und WW 29
bezeichnet ist. Zur Bachseite hin begleiten alte Straßenbäume
(Ahorn) die Strecke. Nach 700 m kommen Sie an eine Weggabelung
(Schutzhütte) an der Mündung des Püngelbachs in den Wüstebach,
die zusammen die Erkensruhr bilden.

◆ Gehen Sie links an der Schutzhütte vorbei weiter den Waldwirtschaftsweg in einem Bogen nach links ins Wüstebachtal mit der
Ausschilderung „Leykaul" und WW 21. Kurz dahinter sind rechts am
Weg und links jenseits des Baches Schieferfelsen zu erkennen *(Thema: Eifeler Devonschiefer, S. 60)*. Nach 200 m sehen Sie rechts
am Weg einen alten verschlossenen Schieferstollen. Etwa 50 m
weiter links jenseits des Wüstebachs erkennt man größere Schieferhalden *(Thema: Schieferabbau im Monschauer Land, S. 61)*.
Nach wenigen Metern münden von rechts zwei Waldwirtschafts-
wege ein. Gehen Sie den Waldwirtschaftsweg am Bach entlang ca.
100 m bis zur Schranke.

Abstecher:

◆ Vor der Schranke zweigt nach links über den Bach der Weg zu
den Häusern Leykaul ab. Am Bach erkennt man verwilderte Wie-

*Erlenaue des
Wüstebachs*

*Der Wüstebach:
Gebirgsbach im
Schieferbett*

sen. Folgen Sie dem sich kurvenreich bergauf windenden Waldwirtschaftsweg (z. T.
noch mit Teerresten). Nach 0,5 km hinter
einem Fichtenforst kommt eine Wegkreuzung. Folgen Sie weiter dem Forstwirtschaftsweg mit Teerresten (Abzweig halblinks) in einen lichten Wald. Hinter einem
kleinen Steinbruch auf der rechten Seite
kommen Sie nach etwa 500 m aus dem
Wald heraus und blicken auf die Hofschaft
Leykaul *(Thema: Hof Leykaul, S. 63)*. Hinter
dem letzten Hof beginnt der Truppenübungsplatz Vogelsang, an dem der Abstecher
endet. Von hier haben Sie eine sehr schöne
Aussicht in die Umgebung. Den gleichen
Weg wieder zurückgehen bis zum Beginn
des Abstechers im Wüstebachtal.

Hauptstrecke:

◆ Folgen Sie hinter der Schranke weiter dem
Forstwirtschaftsweg rechts des Wüstebachs. Der Weg ist stellenweise mit Gras bewachsen und sehr feucht. An einigen Stellen
erkennt man im Schiefergestein auf dem Weg Rinnen, die durch

*Gänse begrüßen
den Wanderer
auf Leykaul*

Karrenräder der mit Schiefer beladenen Pferdefuhrwerke entstanden sind. Nach ca. 600 m kommen Sie zu einem historischen Stollen, der zum Schutz der Fledermäuse vergittert wurde *(Thema: Fledermäuse, S. 64)*. Gehen Sie weiter talaufwärts bis zur Wegkreuzung und dem Schild „Naturschutzgebiet" *(Thema: Naturschutzgebiet Wüste- und Püngelbachtal, S. 65)*.

◆ Biegen Sie rechts in den bergauf führenden Waldwirtschaftsweg und verlassen Sie das Wüstebachtal. Eine abgehende Schneise lassen Sie unbeachtet. Nach rund 200 m kreuzt ein Waldwirtschaftsweg. Gehen Sie weiter geradeaus bis zur Höhe des Bergrückens Hollerscheid. Hier kreuzt wieder ein gut ausgebauter Waldwirtschaftsweg. Weiter geradeaus kommen Sie nach 500 m ins Püngelbachtal. Den ersten im spitzen Winkel einmündenden Weg von rechts lassen Sie unbeachtet.

Nebenbach mit Totholz

◆ Nach 50 m unmittelbar vor dem Bach (nicht überqueren!) nehmen Sie den Waldwirtschaftsweg nach rechts und wandern parallel zum Bachlauf talabwärts. Nach 750 m sehen Sie im alten Buchenwaldbestand links vom Weg Richtung Bach eine flache, fast kreisförmige Stelle am Hang: Dies ist ein historischer Meilerplatz, auf dem Holz in Holzkohle verwandelt wurde *(Thema: Herstellung von Holzkohle, S. 67)*.

◆ Kurz hinter dem Meilerplatz wählen Sie den grasbewachsenen Forstwirtschaftsweg nach links und wandern ihn 2,5 km weiter parallel zum Bach, den weiterhin ein steiler, bewaldeter Hang vom Weg trennt. Nach ca. 300 m, hinter einer Kurve an Schieferfelsen vorbei, sehen Sie im Wald rechts vom Weg einen weiteren Meilerplatz mit Holzkohleresten im Boden. Folgen Sie dem Weg weiter hangparallel bis ins Wüstebachtal. Kurz vor der Ein-mündung auf den schon bekannten Weg durch das Wüstebachtal befinden sich rechts weitere Schieferstollen.

◆ Nach der Einmündung biegen Sie links ab und wandern den Weg zurück zum Parkplatz.

An vielen Stellen im Wüstebachtal können Sie offene Schieferfelsen entdecken.

Eifeler Devonschiefer

Vor etwa 400 Mio. Jahren im Unterdevon befand sich vor Ort ein küstennahes Flachmeer. Sand, Ton und Mineralien lagerten sich allmählich auf dem Untergrund ab, das feuchtwarme Klima förderte die Entwicklung von Fischen und Amphibien, von Farnen und Bärlappgewächsen. Seit dem Mitteldevon entwickelten sich zusätzlich an einigen Stellen küstennahe Korallenriffe, die Grundlage für die heutigen Kalkgebiete der Voreifel und der Eifeler Kalkmulden. Die Ton- und Sandablagerungen sanken allmählich ab, gerieten unter Druck und verfestigten sich. In der Oberkarbonzeit vor ca. 300 Mio. Jahren wurde die Erdkruste zum so genannten Variszischen Gebirge gefaltet. Der graublaue bis rötlichgraue, geschichtete, aus Ablagerungen entstandene Schieferstein, vermischt mit der festeren Grauwacke und erzhaltigen Gesteinen, bildete die Grundlage des Gebirges. In der darauf folgenden trocken-warmen Klimaperiode wurde das Hochgebirge stark abgetragen. Der weiche Schiefer verwitterte wieder zu Tonen, die sich am Rande des Gebirges ablagerten. Eine monotone Ebene entstand. Zu Beginn des Tertiärs vor 65 Mio. Jahren begann dieser Rumpf wieder aufzusteigen – dieser Prozess dauert übrigens bis heute an. Bach- und Flusssysteme bildeten sich aus und gruben tiefe Täler in die Hochfläche.

Heute stellt der Schiefer die Grundlage des Rheinischen Schiefergebirges dar, das die Ardennen, die Eifel, das Bergische Land, das Sauerland, den Hunsrück und den Westerwald umfasst. An einigen Stellen, z. B. in der östlichen Eifel, wird er durch jüngeres vulkanisches Gestein überlagert. Durch die flache Schichtung eignet sich der Schiefer gut als Dach- und Wandverkleidung und wurde daher oberirdisch und auch unter Tage abgebaut.

Schieferabbau im Monschauer Land

Die ersten Belege im Monschauer Land über die Deckung von Dächern mit Schiefer stammen aus den Jahren 1502/03 bzw. 1507/08. Dabei ist anzunehmen, dass es sich um Gebäude wohlhabender Bürger gehandelt hat, da die bäuerliche Bevölkerung ihre Häuser mit Stroh eindeckte. Zum einen war Schiefer teures Material, zum anderen hätte die dünne Zimmerung der Bauernhausdächer die schwere Steinlast nicht tragen können. Der erste Beleg über Schieferabbau stammt aus dem Jahr 1603. Wahrscheinlich handelte es sich um Gruben im Bereich des Wüste- bzw. Püngelbachs *(Thema: Schiefergruben im Wüstebachtal, S. 62).* Bis zum 19. Jahrhundert haben an mehreren Stellen im Monschauer Land Dachschieferbrüche existiert, unter anderem in Monschau unterhalb der Burg und bei Dreistegen, in Leykaul bei Kalterherberg, im Tiefenbachtal bei Huppenbroich und bei Roetgen. Der Name „Ley" bezeichnet im Rheinland einen Felsen, insbesondere Schieferfelsen, und kommt relativ häufig auch als Ortsbezeichnung (Leykaul) oder in Familiennamen wie Leyendecker (Schiefer-

Dachdecker) vor. Die Schieferbrüche wurden im 18. und 19. Jahrhundert von Unternehmern betrieben, die mehrere Arbeiter, häufig Fachleute aus den französischen Ardennen, beschäftigten. Die Männer gruben den Schiefer in Stollen ab und verarbeiteten ihn bereits vor Ort zu gebrauchsfertigen Platten von unterschiedlicher Größe, Sortierung und Preislage. Die Platten wurden im Rheinland und bis in die Niederlande verkauft. Die Arbeit war schwer und nicht ungefährlich, gelegentlich kam es zu Einstürzen in den Stollen oder zu anderen Unglücksfällen.

Oben: alter Schieferstollen

Mitten und unten: Dächer und Hauswände in Monschau sind mit Schiefer verkleidet.

Schiefergruben im Wüstebachtal

Die wohl ersten Schieferstollen im Monschauer Land haben sich im Bereich des Wüste- und Püngelbachs befunden, wie eine Forstmeisterrechnung aus dem Jahr 1603/04 vermuten lässt. Schieferabbau in größerem Umfang begann vor Ort 1791, als der Schultheiß und Friedensrichter Johann Joseph de Berghes aus Monschau hier Land kaufte und kurze Zeit später bereits Abgaben aus den Schieferbrüchen zahlen musste. Unter anderem hatte er französische Facharbeiter angestellt. 1825 verkaufte die Familie de Berghes die Stollen an einen dieser Fachleute, den Leygrubenmeister Dardenne. Wahrscheinlich beschäftigte dieser mehrere Arbeiter, die in der Woche vor Ort wohnten und am Wochenende zu ihren Familien in die umliegenden Dörfer gingen.

Oben: historischer Schiefertagebau

Mitte: Untertagebau mit gefasstem Stolleneingang

Unten: Untertagebau mit ungefasstem Stolleneingang

Leider wissen wir über die geförderte und verarbeitete Dachschiefermenge nichts. Der Abbau ist immer wieder mit Unterbrechungen betrieben worden, zuletzt 1946–48 vom Bauunternehmer Becker aus Einruhr. Er beschäftigte sieben bis acht Arbeiter, die in den bis zu 50 m tiefen Stollen, in denen sich bis zu 7 m hohe Gewölbe befinden, erhebliche Mengen Dachschiefer für den Raum Schleiden und Roetgen brachen. Das Material wurde vor allem zum Wiederaufbau der im Krieg stark in Mitleidenschaft gezogenen Orte benötigt. Auch die Kirche von Einruhr wurde damit gedeckt. 1948 kam der Abbau endgültig zum Erliegen.

Hof Leykaul

In einem Pachtvertrag zwischen dem Oberförster Polch aus Höfen und dem Schieferarbeiter Nicolas Dardenne aus dem Jahre 1850 wird zum ersten Mal der Hof Leykaul als Wohnsitz von Dardenne genannt.

Wahrscheinlich handelte es sich um den selben Leygrubenmeister Dardenne, der bereits 1825 die Schieferbrüche im Wüstebachtal gekauft hatte. Irgendwann zwischen 1825 und 1850 muss er oberhalb des Tales das Anwesen Leykaul erbaut haben. In der Regel lebten die Schieferarbeiter – viele aus der Wallonie stammend – in einfachen Holzbaracken. Wahrscheinlich hat Dardenne durch die eigene Landwirtschaft seine Arbeiter in der Woche über mit Nahrungsmitteln versorgt.

Ursprünglich stand der Hof etwa 50 m unterhalb des heutigen Bauernhauses auf der rechten Seite des Weges. Nach einem Brand ist er weiter oberhalb neu errichtet worden. Noch heute erkennt man aber an der ursprünglichen Stelle Mauerreste. Der Hof ist bewohnt und kann zur Zeit aufgrund des bestehenden Militärgebiets Vogelsang nur über den schlecht ausgebauten Weg von Erkensruhr aus erreicht werden, was gerade im Winter bei Schnee sehr problematisch werden kann.

Im Laufe der Zeit sind einige Wochenendhäuser dazugekommen. Von hier hat man eine herrliche Sicht über die Eifelhöhen Richtung Monschauer Land.

Seltene Pflanze auf Leykaul: Süßdolde

Der einsam gelegene Hof Leykaul

*Braunes Langohr
in Ruhestellung*

Fledermäuse

Zu den faszinierendsten Lebewesen der Eifel gehören die Fledermäuse. Diese Säugetiere orientieren sich durch Echoortung, mit der sie noch Tiere von der Größe einer Mücke bei völliger Dunkelheit aufspüren und fangen können.

Eine der Arten, die im Wüstebachtal vorkommen, ist das Braune Langohr. Ab Mai versammeln sich die Weibchen in so genannten Wochenstuben in Stollen oder Baumhöhlen, in denen sie gemeinsam ihre Jungen – meist eines, manchmal auch Zwillinge – zur Welt bringen. Die Männchen sind zu dieser Zeit Einzelgänger, die sich erst im Spätsommer wieder zu den Weibchen gesellen. Während als Sommerquartiere Baumhöhlen, Vogel- oder Fledermauskästen oder auch Stollen bewohnt werden, halten die Tiere ihren Winterschlaf nur in den kühl-feuchten, aber stets über dem Gefrierpunkt temperierten Stollen.

Da unsere Wirtschaftswälder mit wenig Alt- und Totholz nur begrenzte Wohnmöglichkeiten für Fledermäuse bieten, wurden im Naturschutzgebiet Püngel- und Wüstebachtal Fledermauskästen als Ersatz für natürliche Baumhöhlen aufgestellt. Zudem wurden die alten Stollen abgesperrt, um den Fledermäusen ungestörte Sommer- und Winterquartiere zu bieten. Die Zugänge sind „fledermausgerecht" gestaltet: Durch die waagerechte Anordnung der Gitterstäbe können die Tiere unbeschadet mit ausgestreckten Flügeln hindurch gelangen.

*Fledermaus-
stollen mit Quer-
vergitterung*

Naturschutzgebiet Wüste- und Püngelbachtal

In dem etwa 100 ha großen Naturschutzgebiet, das Wüste- und Püngelbach umgibt, werden die Bachläufe mit den angrenzenden Talauen geschützt. Es ist Bestandteil des 614 ha umfassenden FFH-Gebietes „Dedenborn, Talaue des Püngel- und Wüstebaches und Erkensruhroberlauf" *(Themenkreis: Naturschutz im Monschauer Land, S. 104).* Über lange Strecken durchfließen diese Bäche enge, schattige Kerbtäler mit schmaler Talsohle, die sich durch ein ausgeglichenes, kühles und feuchtes Klima auszeichnen. Die Pflanzen und Tiere, die hier vorkommen, sind an diese Lebensbedingungen angepasst.

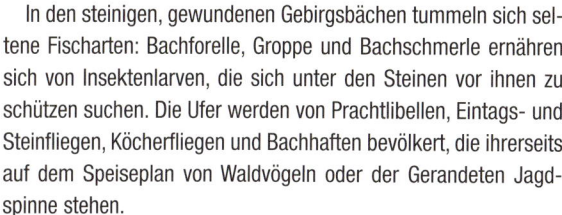

Sumpf-Kratzdistel

In den steinigen, gewundenen Gebirgsbächen tummeln sich seltene Fischarten: Bachforelle, Groppe und Bachschmerle ernähren sich von Insektenlarven, die sich unter den Steinen vor ihnen zu schützen suchen. Die Ufer werden von Prachtlibellen, Eintags- und Steinfliegen, Köcherfliegen und Bachhaften bevölkert, die ihrerseits auf dem Speiseplan von Waldvögeln oder der Gerandeten Jagdspinne stehen.

Wo das Licht es zulässt, sind die Steine im Bachbett oberhalb des Wassers mit dichten, dunkelgrünen Moosteppichen überzogen, die durch das ständige Spritzwasser der Wasserstrudel in den Flüssen feucht bleiben.

Wald-Segge

Über weite Strecken sind die Talauen mit Bruch- und Auenwäldern aus Erlen, Weiden und Birken bestanden, unter denen Flatter- und Knäuelbinse, Sumpf-Kratzdistel und Rasenschmiele zu finden sind. Sickerquellen fließen von den Hängen den Bächen zu. An ihren Rändern leuchten die gelbgrünen Sprosse des Milzkrauts. Die Waldhainsimse ziert mit ihren breiten, weißbewimperten Blättern ganze Abhänge.

Die Wegränder werden von Wald-Ziest, der quirlblättrigen Weißwurz, Wald- und Winkel-Segge gesäumt. Hain-Stermiere und Silberblatt brauchen in diesem kühlen und feuchten Klima der Schluchtwälder ihre zarten Blätter vor Austrocknung nicht zu schützen. Auf Felsvorsprüngen von Schieferwänden zeigt der Buchenfarn seine zierlichen Wedel.

Wo der Wald sich öffnet, liegen Feuchtwiesen mit Bachröhrichten und Hochstaudenfluren im Licht. Rohr-Glanzgras und Mädesüß bilden dichte Bestände, rosa Schlangen-Knöterich, leuchtend gelber Pippau und pinkfarbene Kuckucks-Lichtnelke beleben den grünbraunen Hintergrund mit Farbakzenten. Das Frühjahr wird von Narzissen eingeläutet, an trockeneren Bereichen der Hänge würzt die weiße Bärwurz den Sommer mit ihrem Sellerieduft.

Neben den naturnahen Wäldern gibt es im Naturschutzgebiet jedoch auch deutlich von den wirtschaftlichen Interessen des Menschen überprägte Bereiche. Dort finden sich dunkle Fichtenforste, die auf Holzproduktion angelegt sind. Sie können den Ansprüchen der Artenvielfalt eines Naturschutzgebietes nicht genügen und sollen in der Zukunft in standorttypische Laubwälder umgewandelt werden.

Püngelbach

Herstellung von Holzkohle

Noch heute kann man in den Wäldern der Eifel an den Hängen flache, halbkreisförmige Stellen entdecken. Die unter dem Laub zum Vorschein kommende schwarze Erde beweist: Es sind ehemalige Kohlenmeilerplätze.

Seit Jahrhunderten wurde in der Eifel Holzkohle produziert. Man benötigte sie in erster Linie in den zahlreichen kleinen Hüttenwerken zur Eisenverhüttung und Metallverarbeitung. Die Köhlerei war daher ein weit verbreitetes Gewerbe. Die Arbeit der Köhler begann in den Wintermonaten mit dem Einschlagen des Holzes, das in Scheiten von 1 m Länge und 10 cm Durchmesser gelagert wurde. Ab März begann die Meilersaison. Zunächst musste die Meilerplatte, ein ebener Platz von 6–20 m Durchmesser (je nach Größe des Meilers) angelegt werden. Im Schnitt wurden pro Meiler 40–90 Raummeter Holz benötigt. Als Gewinn konnte man auf 100 kg Holz etwa 25 kg Holzkohle rechnen. Zunächst wurde ein Feuerschacht aus Fichtenstangen und Eisenreifen errichtet, an den man kreisförmig, meist hochkant, die Holzscheite stellte. Die Holzlagen verjüngten sich nach oben hin, wo man nur noch kleine Holzstücke schichtete, so dass eine Halbkugel von 5–15 m Durchmesser und etwa 2,5 m Höhe entstand. Diese wurde mit verrottetem Laub und alter Kohlenerde abgedeckt, die vom Abbrennen früherer Meiler übrig war. Oben auf den Feuerschacht, den Füll- oder Quandelschacht, kamen Rasenstücke. Der Meiler wurde über dem Feuerschacht entzündet. Innen lief nun ein Schwelbrand ab, der stets kontrolliert werden musste. Durch Einstechen bzw. Verschließen von Löchern regulierte man die Sauerstoffzufuhr. Je nach Größe des Meilers dauerte der Verkohlungsprozess 5–8 Tage. Während dieser Zeit mussten die Köhler den Meiler ständig überwachen, sie arbeiteten dabei in Wechselschicht. Nach dem Abbrennen musste der Meiler 24 Stunden abkühlen. Dann konnte die fertige Holzkohle in Säcke verladen und abtransportiert werden. Im Laufe des 16.–18. Jahrhunderts wurde durch den großen Bedarf der Eisenhütten an Holzkohle der Eifelwald zunehmend vernichtet. Heide und Ginster bestandenes Ödland breitete sich aus und bestimmte das Landschaftsbild. Die Bauern ließen darauf ihre Schaf- und Rindviehherden grasen. Erst unter preußischer Herrschaft begann man im 19. Jahrhundert mit einer großflächigen Aufforstung, mit der standortfremden, aber schnell wachsenden Fichte.

Von Tuchfabrikanten, Webern und Scherern

Wanderung durch die Stadt Monschau und Umgebung

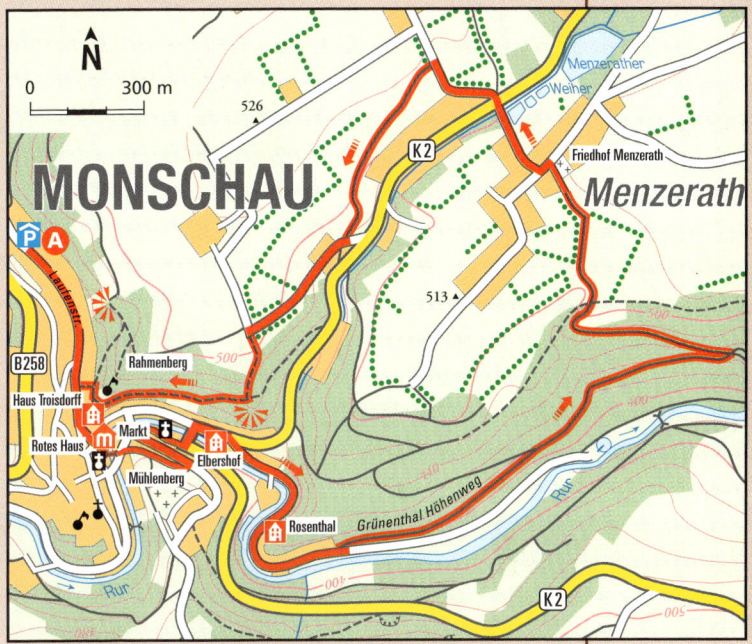

Schwierigkeitsgrad: leicht in der Stadt, mittel bis hoch außerhalb des Ortes Monschau wegen steiler Auf- und Abstiege, z. T. über Treppenstufen

Busverbindungen: Linien 82, 84, 85, 166, 385 nach Monschau Post

Anfahrt mit dem Pkw:
• aus Richtung Aachen B258 über Roetgen – Konzen – Imgenbroich nach Monschau
• aus Richtung Köln/Düren B399 über Simmerath nach Monschau
• aus Richtung Bonn/Euskirchen B266 über Mechernich – Gemünd

Gegenüber: Monschau, Rurpartie mit Rotem Haus

– Simmerath, B399 nach Imgenbroich, B258 nach Monschau

Parkmöglichkeiten: ausgewiesene Parkplätze (gebührenpflichtig) an der Laufenstraße bzw. Parkhaus Laufenstraße

Ausgangspunkt: Parkhaus Laufenstraße

Wegmarkierungen: in der Stadt keine, sonst teilweise Wegmarkierungen des Eifelvereins

Tourenlänge: 5,4 km

Wanderzeit: 2 Stunden (wegen der zahlreichen Besichtigungspunkte)

Einkehrmöglichkeiten: zahlreiche Restaurants und Cafés in der Altstadt Monschau

Besondere Hinweise: Besichtigung des Scheibler-Museums Rotes Haus Monschau, (Ö) Dienstag–Sonntag, von Karfreitag bis 30. November, Einlass jeweils 10, 11, 14, 15 und 16 Uhr, Tel. 02472–50 71.

Empfohlene Jahreszeit: ganzjährig (wegen der Rutschgefahr nicht bei Eis- und Schneeglätte)

Monschau: enge Gassen im Tal der Rur

Streckenverlauf

◆ Vom Parkhaus wenden Sie sich Richtung
Altstadt Monschau *(Thema: Die Tuchfabrikation in Monschau, S. 74)* und gehen die
Laufenstraße bergab. Hinter der Abzweigung
der Straße Schaufenberg sehen Sie auf der
linken Seite das Haus Troisdorff *(Thema: Das
Haus Troisdorff, S. 76)*. Sie gehen die Laufenstraße weiter bis zum Roten Haus *(Thema:
Das Rote Haus, S. 76)*. Am Roten Haus folgen Sie der Laufenstraße
nach rechts.

*Die Laufenstraße
führt in die Stadt.*

◆ Biegen Sie hinter dem Roten Bau und vor der evangelischen
Kirche nach links in einen Fußweg, der an der Kirche vorbei über
eine Fußgängerbrücke über die Rur führt.

◆ Hinter der Fußgängerbrücke, die Kirche im Rücken, gehen Sie
links in die Rurstraße.

◆ Nach 20 m biegen Sie rechts in die Straße Oberer Mühlenberg
(Thema: Der Mühlenberg, S. 78) und gehen diese bis zur Einmündung in die Straße Unterer Mühlenberg.

◆ Biegen Sie nach links in den Unteren Mühlenberg ein und folgen Sie dieser Straße bis zum Markt. Eines der wenigen neuen
Objekte, die an die große Vergangenheit Monschaus erinnern, ist
der Brunnen am Markt. Er ist Denkmal für die zahlreichen Textil-
handwerker und -arbeiter und zeigt einige wichtige Tätigkeiten
wie das Tuchscheren, das Rauen der Stoffe mit Distelkarden und
das Weben.

◆ Am Markt wenden Sie sich nach rechts und gehen die Austraße
an der Aukirche und dem ehemaligen Aukloster hinunter. Das Kloster
wurde von den Minoriten (Franziskanern) im 18. Jahrhundert
gegründet und dient heute Wohn- und Ausstellungszwecken.

◆ Hinter dem Kloster gehen Sie nach links über die Rurbrücke und
gleich wieder rechts in die Eschbachstraße. Hier kommen Sie nach
50 m am rechts liegenden Elbershof vorbei *(Thema: Der Elbershof, S. 79)*.

◆ Biegen Sie hinter dem Hof rechts in die Straße Rosenthal ein und
folgen Sie dieser an der ehemaligen Volksschule vorbei bis zum
Gebäudekomplex Rosenthal *(Thema: Der Fabrikkomplex Rosenthal, S. 80)*.

Ehemaliger Weberwinkel im Rosenthal

◆ Biegen Sie direkt am letzen Haus auf der linken Seite links auf den im spitzen Winkel einmündenden Forstweg ein. Nach ca. 80 m sehen Sie das Schild „Grünenthal Höhenweg". Folgen Sie diesem Weg leicht den Hang hoch durch Eichen- und Nadelwald. Nach 600 m kreuzt im spitzen Winkel ein Forstweg. Sie gehen weiter geradeaus und folgen dem Schild „Grünenthal-Höhenweg".

◆ Nach ca. 500 m kreuzt wieder im spitzen Winkel ein Forstweg (Menzerather Weg). Biegen Sie nach links ein und folgen der Markierung J1 den Hang hoch. Gehen Sie diesen Weg bis zur Einmündung in die Straße Menzerath. Rechts liegt der alte evangelische Friedhof *(Thema: Der Friedhof Menzerath, S. 81)*.

◆ Biegen Sie nach links in die Straße Menzerath und gleich wieder rechts in die Straße Am Alten Friedhof. Sie kommen am untersten Menzerather Weiher vorbei. Überqueren Sie die Eschbachstraße/ Alte Monschauer Straße (K2) und gehen Sie die Hargardgasse hoch.

◆ Nach 200 m mündet von links ein Feldweg ein, in den Sie links einbiegen. Der Weg geht bergab und mündet auf die Straße Häsgensweg.

Turm der Aukirche am Markt

◆ Folgen Sie dieser nach rechts den Berg hinauf (WW A5).

◆ An einer Rechtskurve mündet von links ein Feldweg ein. Biegen Sie in diesen Feldweg nach links ein und folgen der Markierung A5. Der Weg wandelt sich schnell zu einem Fußpfad, der teilweise steil auf Schieferstufen bergab geht. Nach ca. 150 m kreuzt ein Fußpfad. Geradeaus führt der Pfad zu einem Aussichtspavillon.

Schieferfelsen im Bett der Rur

◆ Biegen Sie nach rechts ab und folgen Sie dem Fußpfad (WW A5, „Stadt–Haller"). Sie gehen jetzt am terrassierten Hang des Rahmenbergs entlang *(Thema: Der Rahmenberg, S. 81)*. Lassen Sie einmündende und abzweigende Pfade unbeachtet und gehen Sie den Fußpfad (Langer Pfad, WW A5) mit schöner Aussicht auf die Altstadt Monschau bis zur Ruine des Haller, der vermutlich ersten Burganlage Monschaus aus dem 12. Jahrhundert. Folgen Sie weiter dem Fußpfad (WW A5) die Stufen bergab, bis Sie zur Laufenstraße kommen.

◆ Gehen Sie die Laufenstraße nach rechts bis zum Parkhaus, dem Ausgangs- und Endpunkt der Wanderung.

Terrassen auf dem Rahmenberg

Die Tuchfabrikation in Monschau

Der wirtschaftliche Aufstieg der Stadt Monschau ist aufs Engste verbunden mit der Entwicklung der Textilproduktion seit der ersten Hälfte des 17. Jahrhunderts.

Voraussetzung waren günstige Standortfaktoren für die Wolltuchproduktion:

• ausreichend fließendes Wasser zum Antrieb von Wasserrädern für Walkmühlen und Maschinen

• gute Wasserqualität (kalkfreies, weiches Wasser) zum Waschen und Färben der Wolle

• Torf aus dem Venn und Holz aus den Wäldern zum Heizen der Farbkessel sowie zum Trocknen der Stoffe

• zahlreiche Arbeitskräfte im Umland, die vor allem im Winter Heimarbeit wie Spinnen und Weben übernehmen konnten

• Wolle aus einheimischer Schafzucht, die jedoch schnell durch Importe besserer Wollqualitäten aus dem Ausland ersetzt wurde

• fehlende Zunftorganisationen und damit keine Einschränkungen für Produktion und Beschäftigung von Handwerkern und Arbeitern

• relativ liberale Konfessionspolitik hier im Bereich des Herzogtums Jülich.

Oben: Blick auf die Eschbach-straße vor 1900

Mitte: Belegschaft der Tuchfirma Math. Nickel Math. Sohn, 1886

Monschau vom Rahmenberg aus gesehen, um 1900

Vor allem von auswärts kommende Tuchmacher waren Protestanten, die in Monschau eine von Verfolgung relativ freie Wirkungsstätte fanden. Die Glaubenszugehörigkeit der einzelnen Tuchfabrikanten spielte später eine wichtige Rolle, als sich die reichen Protestanten zur „Feinen Gewandschaft", einem Unternehmerverband, zusammenschlossen und die wirtschaftliche Macht in der Stadt innehatten. Ihnen gegenüber stand die „Grobe Gewandschaft" der Grobtuchhersteller meist katholischen Glaubens mit kleinen Betrieben.

Die Produktion der Wollstoffe erfolgte bis zum Ende des 18. Jahrhunderts in der Form des Verlagssystems bzw. der dezentralen Manufaktur. Das bedeutet, dass die Tuchmacher als Handwerker, später die Tuchfabrikanten als Unternehmer, Wolle auf eigene Rechnung einkauften, diese in den eigenen Werkstätten bzw. Manufakturen wuschen und färbten und sie anschließend zum Spinnen und Weben an Heimarbeiter in der Stadt bzw. auf dem Land vergaben. Der gewebte Stoff wurde dann von den Heimwebern zurückgebracht, in der Walkmühle gewalkt, auf Spannrahmen gespannt und getrocknet, in den eigenen Werkstätten der Appretur unterworfen – also kardiert und mit Tuchscheren geschoren –, gepresst, verpackt und in den Verkauf gebracht. Die Tuchmacher zahlten den Heimspinnern und -webern sowie den in ihren Werkstätten beschäftigten Tuchscherern Lohn und legten Art und Umfang des Auftrags bzw. des Produkts fest.

Ehemalige Tuchfabrikationsgebäude mit Wasserrad an der Rur

Noch heute erkennt man in der Stadt Bauwerke aus den verschiedenen zeitlichen Epochen der Tuchfabrikation. Die ersten Werkstätten waren meist in einfachen Gebäuden aus Stein oder Fachwerk eingerichtet. In der Blütezeit des Manufakturwesens gab es größere Werkstätten in den Wohnhäusern der Fabrikanten, in Anbauten oder in separaten Baukörpern. Seit Beginn des 19. Jahrhunderts mit der Einführung des Fabrikwesens entstanden Fabrikgebäude aus Bruchstein, die mehrere Stockwerke hoch waren. In ihnen war die gesamte Maschinerie untergebracht, die zum Herstellungsprozess der Gewebe notwendig war. Sie wurde zunächst über Wasserräder, seit Mitte des 19. Jahrhunderts zunehmend durch Dampfkraft und später mit elektrischem Strom aus Turbinen angetrieben.

Das Haus Troisdorff

Das repräsentative ehemalige Wohnhaus des Feintuchfabrikanten M. P. W. Troisdorff wurde 1783 zur Zeit der größten Blüte der Monschauer Tuchproduktion errichtet. Das Haus ist als Fachwerkgebäude erbaut, im Stil der Zeit verputzt und mit Ornamenten versehen worden, um einen Steinbau zu imitieren. Troisdorff gehörte der „Feinen Gewandschaft" an, deren Mitglieder – durch geschickte Heiratspolitik – fast alle in dieser Zeit miteinander verwandt waren. Die Manufakturwerkstätten der Firma M. P. W. Troisdorff befanden sich unter anderem in Gebäuden in direkter Nähe des Hauses, doch sind nicht alle Bauten erhalten geblieben. 1809 errichtete die Firma im Laufenbachtal am Stadtrand den Fabrikkomplex Wiesenthal, der heute nach einem Umbau als Hotel genutzt wird.

Haus Troisdorff um 1900

Das Rote Haus

Das Rote Haus ist Monschaus Wahrzeichen und wohl das repräsentativste Gebäude in der Stadt. Erbaut wurde es von einem der bedeutendsten Monschauer Feintuchfabrikanten: Johann Heinrich Scheibler (1705–65). Er starb vor der Fertigstellung, so dass erst seine Söhne Johann Ernst und Wilhelm das Haus beziehen konnten. Das Gebäude diente nicht nur als Wohnhaus, sondern beherbergte im Kellerbereich auch Wollwasch- und Färberäume mit entsprechenden Spülkanälen.

Das Gebäude selbst ist ein dreigeschossiger Fachwerkbau mit vorgeblendetem Ziegelmauerwerk. Die ursprüngliche Farbgebung war wesentlich heller als heute und hatte einen Pfirsichblütenton. Auch das Innere des Gebäudes ist sehr repräsentativ gestaltet. Besonders erwähnenswert ist die Holztreppe in der Diele des Hausteils „Zum goldenen Helm", die 45 Bildkartuschen besitzt. Sie zeigen unter anderem den Produktionsablauf der Tuchherstellung. Das Gebäude befindet sich heute als Museum in der Hand der Stiftung „Scheibler-Museum Rotes Haus" und dokumentiert die

Wohnkultur der reichen Fabrikantenober-
schicht verschiedener Epochen und Stilrich-
tungen. Es kann in den Sommermonaten im
Rahmen von Führungen besichtigt werden.

Rechts neben dem Roten Haus steht der
so genannte Rote Bau, dessen heutige Farbgebung allerdings nicht mehr an den Namen
erinnert. Das Gebäude, mittlerweile zu
Wohnzwecken umgebaut, wurde 1815 als
Fabrikbau der Firma J. H. Scheibler, Rons-
torff, Rahlenbeck & Co. errichtet. Es diente
längere Zeit als Spinnerei, wurde 1883 an

die Stadt verkauft und war später unter anderem Postgebäude,
Heimatmuseum, Sitz der NSDAP-Kreisleitung und Kino.

*Rotes Haus mit
Rahmenberg um
1900*

*Das Rote Haus
1910*

Der Mühlenberg

„Wo viel Glanz ist, ist auch viel Elend." Dieser Aus-
spruch traf in der zweiten Hälfte des 18. und ersten
Hälfte des 19. Jahrhunderts genau auf die Situation
der Stadt Monschau – oder Montjoie, wie sie damals
noch hieß – zu. Durch die Blüte der Tuchindustrie
drängten sich zu dieser Zeit über 3000 Einwohner in
der Enge des Städtchens. Viele zogen von außerhalb
zu. Anfang des 19. Jahrhunderts kamen auf ein Wohn-
gebäude durchschnittlich 9,5 Bewohner. Ein großer
Teil fand in den Manufakturen und Fabriken sein Aus-
kommen. Ein Teil lebte von der Heimarbeit als Weber
und Spinner. Häufig zwängte sich eine mehrköpfige
Familie in 1–2 Wohnräume, wobei einer der Räume

*Am Mühlenberg
um 1900*

bereits von dem mächtigen Webstuhl eingenommen wurde. Von
den in der ersten Hälfte des 19. Jahrhunderts schätzungsweise
300–400 in der Stadt wohnenden Webern besaßen nur wenige ein
eigenes Haus: 1824 waren es ganze 14 Personen, davon allein elf
am Mühlenberg, dem „Kleine-Leute-Viertel". Hier lebten viele Weber
aber auch zur Miete. Nicht nur Menschen drängten sich in den
schmalen Häusern, auch Vieh wurde hier gehalten, Schweine, Zie-
gen und sogar Rindvieh, um das geringe Einkommen etwas auf-
zubessern. Noch 1910 wurden laut Statistik auf dem Oberen und
Unteren Mühlenberg insgesamt 19 Rinder und 2 Schweine gezählt.

*Enge Gassen
sind noch heute
typisch für den
Mühlenberg.*

Der Elbershof

Ein weiterer repräsentativer Manufakturbau der Stadt Monschau ist der Elbershof. Errichtet wurde er 1778 vom Tuchfabrikanten Markus Martin Bauer. 1804 erwarb ihn Johann Heinrich Elbers. In seiner Bauweise als dreiflügelige Anlage mit Wohn- und Werkstatträumen zeigt er sehr große Ähnlichkeiten zu den Wohn- und Manufakturgebäuden der Tuchfabrikanten in Eupen, wobei französischer Einfluss auf die Architektur deutlich wird. Gegenüber auf der anderen Straßenseite stand früher der Weberwinkel des Elbers-Betriebs, in dem an firmeneigenen Webstühlen gearbeitet wurde.

Etwas unterhalb, an der Straße Rosenthal, befindet sich das hohe ehemalige Kontor-, Manufaktur- und Speichergebäude der Firma Elbers. Besonders auffällig ist die Dachkonstruktion. Es handelt sich um eines der zwei in Monschau noch erhaltenen Bogensparrenhäuser mit bogenförmigen Dachsparren, die einen besonders geräumigen Ausbau des Daches als Speicher ermöglichen. Hier wurden die Rohstoffe sowie die zum Versand fertigen Tuche gelagert.

Nach der Schließung der Firma Elbers 1886 beherbergte das Kontorgebäude bis 1924 die höhere Städtische Knabenschule. Heute ist es ein Wohnhaus.

Das ehemalige Kontor- und Speichergebäude der Firma Elbers

Der Elbershof dient heute Wohnzwecken.

Der Fabrikkomplex Rosenthal

Einer der größten zusammenhängenden, heute noch zum Teil baulich erhaltenen Fabrikkomplexe der Monschauer Textilindustrie ist die Anlage im Rosenthal. 1757 erhielt die Firma Johann Heinrich Scheibler Söhne die erste Konzession zum Betrieb einer Walkmühle im Rosenthal, 1773 eine zweite Konzession für die Wasserkraftnutzung. 1774 wurde die Anlage innerhalb der Scheibler-Familie geteilt, ab 1855 wieder unter dem Namen Louis Scheibler Sohn zusammengeführt. Die enge Bebauung innerhalb der Stadt behinderte eine Ausweitung der Fabrikanlagen der alten Firmen, aber zumindest am Ortsrand war eine bauliche Entwicklung noch möglich. Um 1800 entstanden daher an der Rur, nämlich auf dem Burgau und Richtung Dreistegen oberhalb des Stadtzentrums und auf dem Äuchen und im Rosenthal unterhalb der Stadt sowie am Laufenbach, größere Fabrikanlagen, die die neuen Textilmaschinen aufnehmen konnten. 1820 wurden im Rosenthal bereits Spinn-, Rau- und Schermaschinen über Wasserkraft angetrieben. Im gleichen Jahr waren 46 Arbeiter beschäftigt, zehn Jahre später schon 110. Noch 1880 fanden hier 128 Personen Arbeit. Doch mit dem Niedergang der Monschauer Textilindustrie Ende des 19. Jahrhunderts war auch das Ende dieses Betriebs abzusehen. 1908 schloss die Firma – und damit eine der letzten großen Tuchfabriken der Region.

Der Fabrik-
komplex
Rosenthal um
1920

Der Friedhof Menzerath

Bereits die ersten Feintuchproduzenten in Monschau, beispielsweise die Familie Schmitz, waren evangelisch. Allerdings gestalte-
te sich die Situation im 16. und zu Beginn des 17. Jahrhunderts für
die Lutheraner und Reformierten ziemlich schwierig. Zwischen
1622 und 1672, während der spanischen Besetzung des Monschauer Landes, bestand sogar ein Verbot der öffentlichen Reli-
gionsausübung für Protestanten. Die Erlaubnis zum Bau einer
Kirche und der Anlage eines Friedhofs in Menzerath wurde 1683
erteilt. Die Pfarrer kamen meist von außerhalb. Zahlreiche
Tuchfabrikanten und deren Familienangehörige, darunter viele mit
Namen Scheibler und Offermann, sind hier auf dem Menzerather
Friedhof begraben. Die Grabsteine sind heute zwar kaum noch zu
lesen, aber der Begräbnisplan an der Friedhofsmauer hilft bei der
Orientierung. Nach dem Bau der evangelischen Kirche in Monschau
neben dem Roten Haus 1787 trennte sich die Monschauer prote-
stantische Gemeinde von der in Imgenbroich-Menzerath, doch benutzte man den Friedhof noch eine Zeitlang weiter. Die Menzerather Kirche wurde 1832 abgebrochen und die Steine für den Bau
der Umgrenzungsmauer genutzt.

Der Rahmenberg

Der steile, nach Süden exponierte Rahmenberg erhielt seinen Namen von den Tuchrahmen, die hier auf den schmalen und langen,
mit Schiefer- und Grauwackebruchsteinen gesicherten Terrassen
standen. Art und Länge der Parzellierung des Berges richtete sich
nach der Länge der produzierten Tuchbahnen. Der gewebte Stoff
kam vom Webstuhl zunächst zum Noppen, d.h. zum Ausbessern
der Fäden, und anschließend in die Walkmühle zum Verdichten und
Verfilzen mit Hilfe von Wasser und Holzstampfern. Das durch das
Walken stark eingelaufene Gewebe musste anschließend auseinander gezogen und zum Trocknen auf hölzerne Rahmen gespannt
werden. Da sowohl Grobtuch- als auch Feintuchproduzenten diesen Arbeitsgang durchführen mussten, ist davon auszugehen, dass
die Anlagen auf dem Rahmenberg schon in der ersten Hälfte des
18. Jahrhunderts angelegt wurden.

Talsperren im Monschauer Land

Die Nordeifel und die Nordardennen auf belgischer Seite sind reich an künstlich aufgestauten Seen. Die Talsperren des Monschauer Landes:

- Dreilägerbachtalsperre
- Kalltalsperre
- Perlenbachtalsperre
- Urfttalsperre
- Staudamm Paulushof/Eiserbachdamm und
- Rurtalsperre Schwammenauel

gehören zu den insgesamt 14 Stauanlagen auf deutscher und belgischer Seite, die sich um das Hohe Venn herum gruppieren:

- Staubecken Heimbach
- Staubecken Obermaubach
- Wehebachtalsperre
- Oleftalsperre
- Talsperre Bütgenbach
- Talsperre Robertville
- Gileppe-Talsperre
- Wesertalsperre

Mit bis zu 1400 mm pro Jahr im unmittelbaren Venngebiet und 1000–1200 mm im Umland fällt in der Großregion des Hohen Venns eine überdurchschnittliche Menge an Niederschlagswasser. Das Nutzungspotenzial dieses Wassers und die günstigen geologischen und geomorphologischen Bedingungen seiner Erschließung – d.h. die tiefen, engen Kerbtäler mit ihrem Tonschieferuntergrund – leiteten zwischen dem Ende des 19. und der Mitte des 20. Jahrhunderts eine Epoche des Talsperrenbaus ein.

Das Nutzungspotential des Wassers verteilte sich auf verschiedene Bereiche:

Hochwasserschutz und Niedrigwasserausgleich:
Vor allem im Spätwinter und Frühjahr kam es in dieser Mittelgebirgsregion immer wieder zu Überschwemmungen. Die Flutwellen zogen insbesondere die tiefer liegenden Regionen, z. B. den Unterlauf der Rur im Bereich Düren und Jülich, stark in Mitleidenschaft. Diesen Flutwellen wollte man mit dem Bau der Talsperren einen Riegel vorschieben. Nebenbei war und ist auch ein Ausgleich für

regenarme Zeiten durch entsprechende Wasserabgabe der Stauseen möglich.

Industriewasserbedarf:
Durch die Industrialisierung benötigte vor allem die Textil- und Papierindustrie der Region verstärkt Brauchwasser in gleichbleibender, ausreichender Menge ohne jahreszeitliche Schwankungen.

Trinkwasserbedarf:
Die stark wachsende Bevölkerung der Eifelrandstädte wie Düren, Aachen, Eupen oder Lüttich brauchte zunehmend Trinkwasser, das durch Brunnen nicht mehr gedeckt werden konnte.

Energieerzeugung:
Mit dem Bau der Talsperren konnte auch elektrischer Strom aus Wasserkraft bereitgestellt werden, der ab 1900 wesentlich zur Elektrifizierung der Haushalte in der Eifel beitrug.

Fremdenverkehr:
Vor allem nach dem Zweiten Weltkrieg entwickelten sich die Stauseen der Eifel mit ihrem hohen Freizeitwert als Tourismus-Magnet zu einem wichtigen wirtschaftlichen Standbein der Nordeifel.

Die erste Talsperre der Region, die Gileppe-Talsperre zwischen Eupen und Verviers in Belgien, wurde 1875 fertig gestellt. Sie sollte den großen Wasserbedarf der dortigen Textilindustrie decken. Auf deutscher Seite begann der Talsperrenbau mit der Gründung der Rurtalsperrengesellschaft 1899 und dem Bau der Urfttalsperre 1900. Seit 1993 verwaltet der Wasserverband Eifel-Rur (WVER) die meisten Talsperren der Nordeifel auf deutscher Seite mit insgesamt 302 Mio. m^3 Wasser.

S. 82/83:
Intze-Staumauer
am Urftsee

Einmal rund ums Wasser

Wanderung um die Kalltalsperre

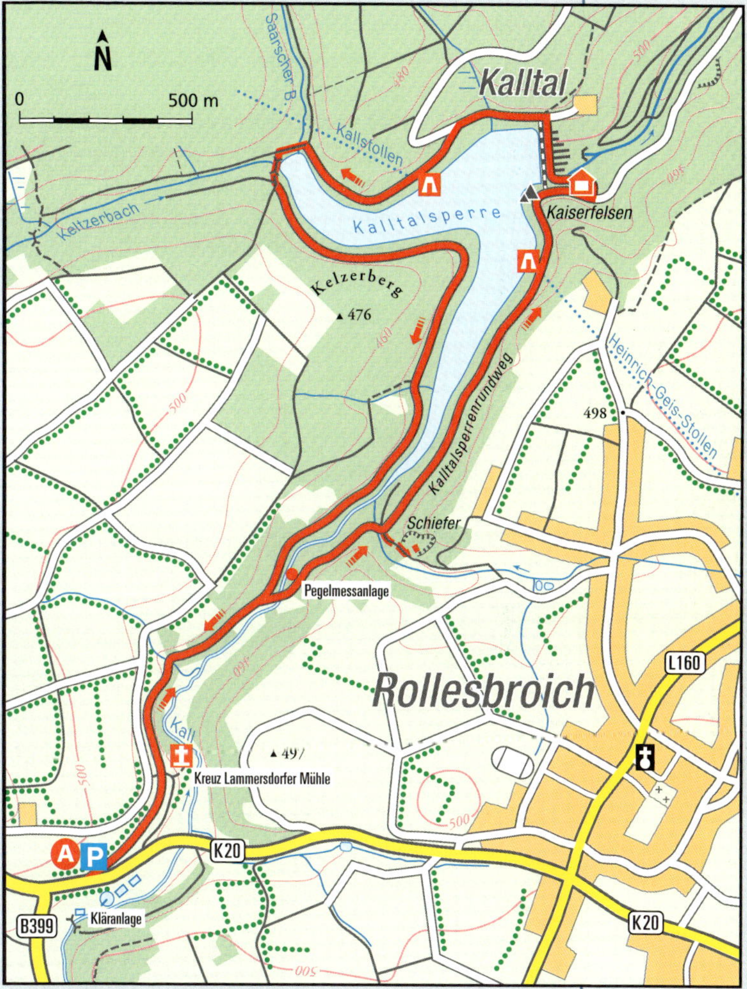

Kalltal

Kallstollen

Saarscher B.

Kaiserfelsen

Keltzerbach

Kalltalsperre

Kelzerberg

▲ 476

Kalltalsperrenrundweg

498

Heinrich-Geis-Stollen

Schiefer

Pegelmessanlage

Rollesbroich

L160

Kall

▲ 497

Kreuz Lammersdorfer Mühle

K20

A P

B399

Kläranlage

K20

Schwierigkeitsgrad: leicht, nur eine kurze steile Steigung auf dem Fußpfad, ansonsten Forstwege

Gegenüber:
Kalltalsperre

Busverbindungen: Linien 68, 166, SB 63, Haltestelle „Lammersdorf Kirche", von dort 1,2 km Fußweg

Anfahrt mit dem Pkw:

• aus Richtung Aachen B258 über Roetgen, bei Fringshaus links nach Lammersdorf, dort weiter B399 Richtung Simmerath, K20 Richtung Rollesbroich, erster Forstweg auf der linken Seite

• aus Richtung Köln/Düren B399 bis Lammersdorf, K20 Richtung Rollesbroich, erster Forstweg auf der linken Seite

• aus Richtung Bonn/Euskirchen B266 bis Simmerath, B399 Richtung Lammersdorf, kurz vor Lammersdorf rechts auf die K20 Richtung Rollesbroich, erster Forstweg auf der linken Seite

Parkmöglichkeit: Randstreifen des einmündenden Forstwegs (Parkfläche nur für wenige Pkws vorhanden)

Ausgangspunkt: Forstweg gegenüber der Kläranlage Simmerath

Wegmarkierungen: überwiegend WW A3, z.T. keine

Tourenlänge: 6,5 km

Wanderzeit: 1,5 Stunden

Einkehrmöglichkeiten: unterwegs keine, Gaststätten in Lammersdorf oder Rollesbroich

Empfohlene Jahreszeit: ganzjährig

*Lauf des
Kallbachs*

Streckenverlauf

◆ Folgen Sie dem Forstweg mit der Ausschilderung „Parkplatz Kallbrück" und „Kalltalsperre". Kurz vor dem Fichtenwald auf der rechten Seite sieht man unten rechts am Waldrand ein Gedenkkreuz (ein steiler, kaum sichtbarer Fußpfad führt dort hin). Hier stand früher im Tal die Lammersdorfer Mühle *(Thema: Die Lammersdorfer Mühle, S. 91)*. Nach ca. 300 m vom Ausgangspunkt kreuzt der WW 5. Sie gehen weiter geradeaus. Kurz vor der Brücke über die Kall gabelt sich der Weg.

Oben: alter Steinbruch bei Rollesbroich

Mitte: am Kaiserfelsen

Unten: Graffiti am Kaiserfelsen

◆ Sie folgen dem rechten Weg über die Brücke mit der Ausschilderung „Kalltalsperrenrundweg", WW A3, 4 und 6 und gehen jetzt auf der rechten Seite des Kallbachs. 100 m hinter der Gabelung sehen Sie auf der linken Seite die Pegelmessanlage der Kall *(Thema: Pegelmessanlagen, S. 92)*, zu der ein Stichweg führt. Folgen Sie nach der Besichtigung weiter dem Forstweg geradeaus. Nach 100 m mündet von rechts ein kleiner Bach in die Kall sowie ein Forstweg.

Abstecher:

◆ Gehen Sie diesen steilen Weg nach rechts etwa 150 m bis zu einem Steinbruch, der in der Karte Nr. 3 des Eifelvereins als „Schiefer" markiert ist. Dieser Steinbruch wurde als einer von mehreren in der Nähe der Talsperre genutzt, um Gesteinsmaterial für den Bau der Sperrmauer zu brechen. Kehren Sie zurück auf den Hauptweg.

Hauptstrecke:

◆ Folgen Sie dem Hauptweg weiter zur Talsperre. Je nach Wasserstand erkennen Sie schon bald die gestaute Wasserfläche. Nach einiger Zeit sehen Sie links unten innerhalb der Talsperreneinzäunung einen Zufahrtsweg und ein in den Hang gesetztes Gebäude. Es handelt sich um die Einmündung des Heinrich-Geis-Stollens. Direkt gegenüber auf der anderen Uferseite der Tal-

sperre ragt ein Turm aus dem Wasser. Es ist die Wasserentnahmestelle des Kallstollens *(Thema: Das Stollensystem der Kalltalsperre, S. 93)*. Hinter dem Wegdurchbruch am Kaiserfelsen sieht man von oben die Talsperrenmauer und den Überlauf. Folgen Sie dem Weg weiter bis zur Schutzhütte.

◆ Biegen Sie hinter der Schutzhütte in den von links einmündenden Weg mit den Markierungen WW A3 und 6 und gehen Sie weiter zur Staumauer *(Thema: Die Kalltalsperre, S. 94)*. Hinter der Mauer zweigt nach rechts die Zufahrt zum Haus des Talsperrenwärters ab. Sie folgen dem Forstweg nach links weiter.

◆ An der nächsten Weggabelung folgen Sie dem Forstweg nach links mit dem Hinweisschild „Talsperrenrundweg" und den Markierungen WW A3, 4 und 6. Nach etwa 150 m kommen Sie an eine Informationstafel. Von hier haben Sie wieder einen Blick auf die Einmündungsstelle des Heinrich-Geis-Stollens am gegenüberliegenden Ufer sowie auf den Entnahmeturm des Kallstollens. Folgen Sie weiter dem Forstweg. Am Saarscher Bach mündet ein Forstweg von rechts, den Sie unbeachtet lassen. Überqueren Sie den Saarscher Bach und folgen den Markierun-

Oben: Überlauf der Kalltalsperre

Mitte: felsige Uferpartie am See

Unten: überwachsener Fels im Streiflicht

gen WW A3, 2, 4, 6. Kurz danach kommen Sie an den Keltzerbach.

◆ Biegen Sie nach links ab und überqueren Sie diesen Bach auf dem Holzsteg und gehen Sie den Fußpfad steil hoch.

◆ Der Pfad mündet auf einen Forstweg, dem Sie nach links hangparallel entlang der Talsperre folgen. Sie kommen wieder bis zur Weggabelung an der Brücke über die Kall. Der Rundweg um die Kalltalsperre ist hier geschlossen und Sie wandern den gleichen Weg zum Parkplatz zurück. Am Ausgangspunkt der Tour liegt im Kalltal die Kläranlage der Gemeinde Simmerath *(Thema: Die Kläranlage Simmerath, S. 95)*. Allerdings ist sie wegen der Eingrünung kaum einsehbar.

Die Lammersdorfer Mühle

Nur noch ein Kreuz mit einem Mahlstein etwas abseits des Weges am Waldrand erinnert an ein Gebäude, das über 400 Jahre eine wichtige Rolle im wirtschaftlichen Leben der Region spielte. Es war die Lammersdorfer Mühle, die bereits 1516 als Bannmühle erwähnt wurde. Hier, wo die junge Kall sich ins Schiefergebirge einzuschneiden beginnt, besaß der Bach bereits genügend Energie, um die Mahlwerke mehrerer Mühlen betreiben zu können. Es waren zum einen die Lammersdorfer Mühle sowie die nur knapp 1 km Bach aufwärts liegende Neumühle, von der heute ebenfalls nichts mehr zu sehen ist. Als Bannmühle besaß die Lammersdorfer Mühle eine große Bedeutung für die bäuerliche Bevölkerung. Nicht nur die Bewohner von Lammersdorf und Rollesbroich, sondern auch von Strauch, Paustenbach, Woffelsbach, Schmidt, Vossenack und sogar Zweifall und Mulartshütte mussten hierher kommen, um ihr Getreide mahlen zu lassen, selbst wenn eine andere Mühle günstiger für sie gelegen hätte. Die Landesherren

legten die Grenzen des Mahlzwangs fest, um möglichst hohe und gleichbleibende Steuereinnahmen aus den Mühlen ziehen zu können. Erst in der Franzosenzeit Ende des 18. Jahrhunderts wurde der Mühlenzwang aufgehoben. Die Mühle, die zuletzt im Besitz der Familie Mathar war, wurde 1957 endgültig stillgelegt und die Mühleneinrichtung verkauft. Einige Jahre stand das Gebäude unbewohnt da. 1965 kaufte es der Wasserverband des Kreises Aachen und ließ es im Zuge des Straßenneubaus der Kreisstraße von Lammersdorf nach Rollesbroich abreißen. Heute erinnern nur noch wenige Bruchsteine sowie Reste des Mühlengrabens und das Kreuz an die Anlage.

Oben: Kreuz mit Mahlstein der Lammersdorfer Mühle

Unten: Auenwald des Kallbachs

Pegelmessanlagen

Wenn man sich als Wanderer bachab-
wärts einer Talsperre nähert, kommt
man häufig an einer Pegelmessanlage
vorbei. Solche Anlagen dienen dazu,
den Zulauf der Wassermenge des
Baches in die Talsperre festzustellen,
um zusammen mit Niederschlags-
messungen die hinzukommende Wassermenge berechnen zu können. Dazu
sind tägliche Messungen erforder-
lich. Auf diese Weise kann schon im
Vorfeld der notwendige Abfluss be-
rechnet werden, um den Wasserspie-
gel der Talsperre möglichst konstant zu halten. Aus der sich erge-
benden Statistik lassen sich auch längerfristige Vorhersagen über
die möglichen Zuflüsse für einzelne Monate machen und somit ein
Wasserbewirtschaftungsprofil erstellen. Neben der Pegelmessstelle
hier am Kallbach gibt es für die Kalltalsperre noch eine weitere
Messstelle am Keltzerbach.

*Oben und unten:
Pegelmessanlage
an der Kall ober-
halb der Talsperre*

Das Stollensystem der Kalltalsperre

Um das Talsperrensystem insbesondere im Hinblick auf die Bereitstellung von genügend Trinkwasser optimal zu nutzen, war schon relativ früh klar, dass einzelne Stauseen mit einem Stollensystem verbunden werden sollten. (Das Problem der Wasserzuleitung ist bis heute aktuell, z. B. zwischen Olef- und Perlenbachtalsperre.) Die 1911 fertig gestellte Dreilägerbachtalsperre bei Roetgen, die

Zugang zum Heinrich-Geis-Stollen

die Trinkwasserversorgung des Großraums Aachen sichert, war bereits 1924–26 durch einen 6,4 km langen Stollen, den Kallstollen, mit den Kall- und Keltzerbachtal verbunden worden. Kleinere Bacheinfassungen erschlossen dieses benachbarte Niederschlagsgebiet von 29 km².

Beim Bau der Kalltalsperre 1935 schloss man das neu geschaffene Wasserreservoir an den Kallstollen an, um beide Stauseen für die Trinkwasserversorgung nutzen zu können. In den 1950er Jahren wurde aber deutlich, dass beide Talsperren nicht ausreichten, um die schnell wachsende Bevölkerung Aachens und der Umgebung versorgen zu können. Daher entschloss man sich 1954 zum Bau einer 4 km langen Rohrleitung und eines sich anschließenden 3,7 km langen Stollens zwischen dem Obersee der Rurtalsperre und der Kalltalsperre.

Die Wasserentnahmestelle befindet sich am Staudamm Paulushof in Rurberg. Das Wasser wird über eine Druckleitung 165 m bergauf gepumpt, fließt dann über eine Hangrohrleitung Richtung Weidenbachtal (südlich von Steckenborn) und mündet dort in einen Freispiegelstollen, der das Wasser zur Kalltalsperre leitet. Auf diese Weise kann bei Bedarf Wasser des Obersees der Rurtalsperre zur Trinkwasserversorgung von Aachen eingesetzt werden. Der Stollen wurde nach dem technischen Direktor des damaligen Wasserwerks des Landkreises Aachen Heinrich-Geis-Stollen genannt.

Die Kalltalsperre

Am 21. März 1934 begannen die Arbeiten zum Bau der Kalltalsperre unterhalb von Lammersdorf. Neben der Bereitstellung von ausreichendem Trinkwasser für die Region Aachen war ein wichtiger Zweck des Baus, die Arbeitslosigkeit in diesem strukturschwachen Gebiet der Nordeifel zu mindern. Daher setzte man mehr auf den Einsatz von Muskelkraft denn auf Maschinen. Nach umfangreichen Rodungsarbeiten und der Umlenkung des Kallbachs durch eine Holzrinne am rechten Talhang begann der Bau des Grundablasses. Im Gegensatz zur Gewichtsstaumauer der Urfttalsperre errichtete man im Kalltal einen Erddamm mit Betonkern. Der Betonkern sollte bei der notwendigen Sperrenhöhe von 33 m eine sichere Gründung gewährleisten und gleichzeitig den Damm im Innern abdichten. Zur Aufschüttung des Damms benötigte man große Mengen an Material, das aus nahen Steinbrüchen im Kalltal gebrochen wurde. Auf ca. 10 km langen Gleisen wurde das Gestein auf Loren, die von insgesamt zehn Lokomotiven gezogen wurden, zur Baustelle gebracht. Zement, Eisen und Sand kamen mit Bauernfuhrwerken vom Bahnhof Lammersdorf ins Tal. Ende 1934 waren hier bereits 303 Arbeiter beschäftigt, von denen 128 ständig vor Ort in einem Barackenlager wohnten. 1935 erhöhte sich die Zahl

Oben: Staudamm der Kalltalsperre

Mitte: Ablauf am Staudamm

Unten: historische Turbine

der Beschäftigten nochmals auf 670 Personen. Im Dezember 1935 konnte mit dem Aufstauen begonnen werden. Bereits einen Monat später war die Talsperre vollständig gefüllt und am 6. April 1936 ging auch die Hausturbine in Betrieb.

Im Vergleich zu den meisten anderen Stauwerken der Nordeifel ist die Kalltalsperre eher klein. Sie besitzt ein Fassungsvermögen von 2,1 Mio. m³ Wasser und hat einen jährlichen Zufluss von 17,8 Mio. m³. Vor kurzem haben umfangreiche Sanierungsmaßnahmen stattgefunden, so dass ihre Leistungsfähigkeit als Trinkwassertalsperre wieder voll gegeben ist. Außerdem stellt sie inzwischen ein beliebtes Ziel für Wanderer und Jogger dar.

Die Kläranlage Simmerath

Ein besonderes Problem in den weitläufigen Nordeifelgemeinden sind die Klärung des Abwassers und die damit verbundenen Kosten. So ist beispielsweise die Gemeinde Simmerath noch nicht flächendeckend kanalisiert. Dies ist ein besonderer Problempunkt vor allem in Hinblick auf die Trinkwassertalsperren auf Gemeindegebiet. Die am Kallbach oberhalb der Kalltalsperre Anfang der 1980er Jahre gebaute Kläranlage war ursprünglich für ca. 9000 EW (Einwohnerwerte) ausgerichtet. Inzwischen haben sich die Zahlen durch Ausweisung neuer Bau- und Gewerbegebiete wesentlich erhöht, so dass eine Ausbaugröße von 15 000 EW geplant ist. Angeschlossen sind inzwischen die Ortsteile Simmerath, Lammersdorf, Kesternich, Bickerath, Witzerath, Rollesbroich, Paustenbach, Huppenbroich, Eicherscheid, Am Gericht und Strauch. Damit ist diese Kläranlage die größte auf Gemeindegebiet. Sie wird durch den Wasserverband Eifel-Rur betrieben. Nach einer Verschärfung der Anforderungen wurde die Anlage 1996 und 1997 mit weiteren und verbesserten Reinigungsstufen bzw. Filtersystemen ausgestattet. Die mittlere Tageswassermenge, die die Anlage passiert, beträgt 3000 m^3. Damit das geklärte Abwasser nicht direkt in die Trinkwassertalsperre läuft, ist eine Umgehungsleitung um die Kalltalsperre gebaut worden, die unterhalb der Sperrmauer in den Kallbach mündet.

Kläranlage der Gemeinde Simmerath im Kalltal

Ausflug zum Rursee

Wandern, Schwimmen, Schiff fahren
zwischen Schmidt und Schwammenauel

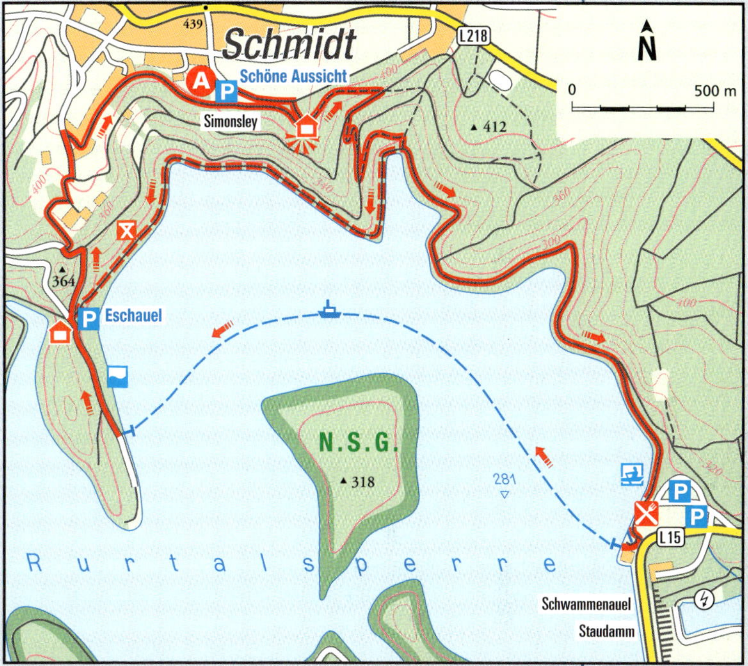

Schwierigkeitsgrad: leicht bis mittel, steiler Abstieg auf einem Fußpfad; auf dem Rückweg längerer Aufstieg, ansonsten entlang des Seeufers ohne nennenswerte Steigung

Busverbindungen: Linie 82 ab Monschau bzw. Simmerath, Linie 210 ab Nideggen

Anfahrt mit dem Pkw:

• aus Richtung Aachen B258 über Roetgen, bei Fringshaus links nach Lammersdorf, dort weiter auf der B399 Richtung Simmerath, K20 Richtung Rollesbroich bis Strauch, links auf die L246 nach Schmidt, in Schmidt L218 Richtung Heimbach (Heimbacher Straße), kurz vor Ortsende rechts in die Straße Zur schönen Aussicht

Gegenüber: Anlegestelle der Rurseeflotte

• aus Richtung Bonn/Euskirchen B266 bis Kesternich, K9 bis Strauch, rechts auf die L246 nach Schmidt, in Schmidt L218 Richtung Heimbach (Heimbacher Straße), kurz vor Ortsende rechts in die Straße Zur schönen Aussicht

• aus Richtung Köln/Düren L33 bzw. L249 bis Nideggen, L246 bis Schmidt, am Ortsanfang links in die Nideggener Straße bis zur Kirche, links in die Heimbacher Straße, kurz vor Ortsende rechts in die Straße Zur schönen Aussicht

Parkmöglichkeit: Wanderparkplatz am Ende der Straße Zur schönen Aussicht

Ausgangspunkt: Wanderparkplatz am Ende der Straße Zur schönen Aussicht

Wegmarkierungen: Markierungen des Eifelvereins

Tourenlänge: 5,5 km Fußweg mit Schifffahrt; 9,5 km bei Abwandern der vollen Strecke ohne Schifffahrt

Wanderzeit: 1,5 Stunden zzgl. 10 Minuten Schifffahrt; 2,5 Stunden bei Abwandern der vollen Strecke ohne Schifffahrt

Einkehrmöglichkeiten: Gastronomie am Staudamm Schwammenauel, im Sommer auch am Schwimmbad Eschauel

Besondere Hinweise: Die Rurseeflotte verkehrt nur in den Monaten April–Oktober. Informationen über den aktuellen Fahrplan der Rurseeschiffahrt erhalten Sie unter Tel. 02446–479 oder im Internet unter: www.rursee-schifffahrt.de

Empfohlene Jahreszeit: Sommerhalbjahr

Der Rursee mit dem Waldgebiet des Kermeter

Streckenverlauf

◆ Den Ort Schmidt im Rücken wenden Sie sich am Parkplatz nach links und folgen den Markierungen WW E8, 10, 5 und 15. Nach etwa 250 m kommen Sie an die Schutzhütte „Schöne Aussicht" mit einem Panoramablick auf die Rurtalsperre und das Waldgebiet des Kermeter. Gehen Sie links auf den markierten Wanderwegen weiter auf einem Fußpfad. Nach einem steilen Abstieg erreichen Sie den Rurseeuferweg.

◆ Auf diesem biegen Sie nach links ein (WW E8, 12, 15) und folgen ihm für gut 3 km bis zum Staudamm Schwammenauel *(Thema: Die Rurtalsperre, S. 101).* Dort haben Sie die Möglichkeit einzukehren bzw. in den Sommermonaten mit dem Schiff zur Anlegestelle Eschauel zu fahren.

Oben: Blick von der „Schönen Aussicht"

Mitte: Staudamm Schwammenauel

Unten: Eschauel

Variation Schifffahrt:
◆ Fahren Sie mit dem Schiff zur Anlegestelle Eschauel *(Thema: Versunkene Höfe im Rursee, S. 102).* Im Sommer besteht hier die Möglichkeit, den Naturbadestrand zu nutzen. Gelegentlich finden sich auch noch Reste römischer Tonscherben im Schiefergestein, die von einem ehemaligen römischen Hof stammen. Von der Anlegestelle gehen Sie die Straße nach rechts bis zur Weggabelung am Parkplatz.

◆ Nehmen Sie die rechte Straße mit Markierung WW 12. Nach einigen Metern zweigt der WW 12 nach rechts ab bzw. mündet von rechts der WW 5. Gehen Sie weiter geradeaus auf dem WW 5. Lesen Sie weiter bei „Hauptstrecke".

Variation Wanderweg:
◆ Gehen Sie vom Staudamm Schwammenauel den gleichen Weg am Ufer zu-

rück bis zur Abzweigung des Fußwegs E8. Gehen Sie weiter geradeaus auf dem Uferwanderweg WW 5 und 12 bis zum Parkplatz Eschauel (Straßenkreuzung). Nach links gewandt kommen Sie zum Naturbadestrand Eschauel *(Thema: Versunkene Höfe im Rursee, S. 102)*, nach rechts geht es weiter mit der Hauptstrecke.

Hauptstrecke:

◆ Hinter einer Rechtskurve zweigt der WW 5 nach rechts ab, ihm folgen Sie auf dem Forstweg. Sie durchwandern das Gebiet mit Wochenendhäusern weiter auf dem WW 5 und lassen abbiegende Wege und Zufahrten unbeachtet.

◆ Bei der Abzweigung des WW E8 nach rechts folgen Sie diesem und kommen

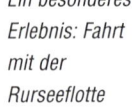

Ein besonderes Erlebnis: Fahrt mit der Rurseeflotte

in das Gebiet der Simonsley, in der früher Eisenerz abgebaut wurde *(Thema: Erzabbau in Schmidt, S. 103)*. Folgen Sie dem WW E8 bis zur Schutzhütte „Schöne Aussicht" und gehen Sie von hier die 100 m zum Parkplatz zurück.

Anlegestelle für Segelboote in Eschauel

Die Rurtalsperre

Mehrere Jahrzehnte nach der Errichtung der Urfttalsperre im Jahr 1905 begann der Wasserverband Schwammenauel mit dem Bau der Rurtalsperre. An dem Verband waren die Rurtalsperrengesellschaft, der Wasserverband Obermaubach, das Wasserwerk des Kreises Aachen sowie die damaligen Kreise Düren, Schleiden, Jülich, Geilenkirchen-Heinsberg und Erkelenz finanziell beteiligt.

Der Rursee ist eine der größten Talsperren Deutschlands.

Die erste Ausbaustufe erfolgte 1934–38. Am Gutshof Schwammenauel in der Nähe von Heimbach wurde ein 55 m hoher Erddamm mit Betonsockel errichtet. Zweck dieses Stausees war in erster Linie der Hochwasserschutz, die Bereitstellung von Industriewasser für die Dürener Industrie sowie die Energieerzeugung. Insgesamt konnten 100,7 Mio. m³ Wasser gespeichert werden. 1934–37 wurde zusätzlich ein kleiner Damm am Paulushof in Rurberg errichtet. Mit seiner Höhe von 14 m über dem Talboden staute er den so genannten Obersee auf, der ein zusätzliches Fassungsvermögen von 1,73 Mio. m³ aufwies. Der Obersee war somit von den Wasserspiegelschwankungen des eigentlichen Stausees Schwammenauel unabhängig und weist bis heute eine konstante Wasserführung auf. Nach der Fertigstellung der Bauwerke war eine Wasserfläche von 493 ha entstanden, die bis kurz unterhalb von Einruhr und ca. 2 km weit ins untere Urfttal reichte.

1955–59 erfolgte die zweite Ausbaustufe des Rursees. Der Staudamm Schwammenauel wurde bis zu einer Kronenhöhe von 72 m aufgestockt. Mit dem Stauziel von 281,5 m ü. NN können heute 205 Mio. m³ Wasser gespeichert werden. Auch der Damm Paulushof wurde erhöht. Der Obersee erhielt die zusätzliche Funktion eines Trinkwasserspeichers. Der Wasserspiegel stieg noch einmal um 16 m und weist bei Vollstau – was allerdings sehr selten vorkommt – eine einzige Wasserfläche mit dem Obersee auf, die bis zum Urftsee reicht. Damit ist die Rurtalsperre vom Fassungsvermögen her die zweitgrößte Talsperre der Bundesrepublik hinter der Bleilochtalsperre in Thüringen. Inzwischen hat sie sich zu einem richtigen Touristen-Magnet der Region entwickelt.

Versunkene Höfe im Rursee

Bereits mit der ersten Ausbaustufe der Rurtalsperre in den 1930er Jahren waren etwa 300 ha Kulturland überschwemmt worden. Allerdings mussten nur 35 Gebäude aufgegeben werden. Der Talboden der Rur war aufgrund der Überschwemmungsgefahr nur gering besiedelt und die Hauptorte lagen entweder am Hang (z. B. Rurberg, Woffelsbach und Einruhr) oder auf der Hochfläche des Monschauer Landes. Es waren daher nur tief gelegene Wohnplätze, in erster Linie Einzelhöfe, die den Fluten zum Opfer fielen.

Heute erinnern die Flurnamen noch an diese Stellen. Zu nennen sind rurabwärts der Weiler Pleushütte, einige Höfe des Ortes Einruhr, der Hof Paulushof, der Rurberger Ortsteil Breuershof, der Weiler Weidenauel, einige Gebäude von Woffelsbach, die Schilsbacher Mühle, Hof Morsauel und der Weiler Eschauel sowie der Bremerthaler Hof.

Die Bewohner siedelten entweder in die umliegenden Orte um, wanderten aus oder bauten neue Gebäude oberhalb der Staumarke. In Eschauel beispielsweise sind neue Gebäude, vor allem Wochenendhäuser, erst nach dem Zweiten Weltkrieg entstanden. Auch der zwischen Woffelsbach und Eschauel am Seeufer gelegene Wildenhof ist eine Nachkriegsgründung. Hier betreibt die RWTH Aachen eine Segelschule.

Oben: Woffelsbach vor dem Talsperrenbau

Mitte: der Paulushof um 1930

Weidenauel ist im Rursee verschwunden.

Erzabbau in Schmidt

Die Eifel ist reich an Eisenerzvorkommen, die bis ins 19. Jahrhundert hinein abgebaut wurden. Sie bildeten die Grundlage für die seit dem Mittelalter in der Region in großem Maßstab betriebene Eisenerzeugung und -verarbeitung. Die in der Eifel hergestellten Produkte wie Roh- und Stabeisen, Kriegsgerät wie Kanonenkugeln und Geschütze, Haushaltswaren, Ofen-, Kamin- und Takenplatten wurden in ganz Mitteleuropa nachgefragt. Noch heute kann man in manchen Gebieten der Eifel im Wald alte Stollen oder Erdhügel mit Vertiefungen, so genannte Pingen, finden, in denen Erz abgebaut wurde. Dies ist auch im Raum Schmidt, insbesondere an der Simonsley, der Fall. Im lichten Laubwald erkennt man Erdaufschüttungen und Vertiefungen, die von einer regen Grabungstätigkeit stammen. Die Bergleute, meist Bauern aus der Umgebung, gruben in den Wintermonaten Schächte in die Erde, von denen waagerechte Stollen ausgingen. Mit Leitern, einfachen Öllämpchen, Hacken, Schaufeln und Tragekörben wurde das Erz nach oben befördert. An der Simonsley besaß im 17. Jahrhundert Simon Kremer, der Gründer der Eisenhütte in Simonskall bei Vossenack, Abbaurechte und betrieb hier eine Eisenerzgrube. Im 19. Jahrhundert erhielt auch das Hüttenwerk Zweifallshammer im Kalltal nördlich von Schmidt Erze von der Simonsley. Der Ortsname Schmidt leitet sich übrigens von einer alten Schmiede ab, die den Ursprung eines kleinen Weilers bildete. Allerdings wird es sich im Gegensatz zu größeren Hütten- und Schmiedewerken eher um einen kleineren Handwerksbetrieb gehandelt haben, denn auf der Höhe fehlte die zum Antrieb von großen Schmiedehämmern notwendige Wasserkraft.

Brauneisenstein wurde auch in Schmidt abgebaut.

Naturschutz im Monschauer Land

Das Monschauer Land ist reich an Naturschutzgebieten. Als bedeutendste Flächen befinden sich im Westen das größtenteils in Belgien liegende, europaweit bedeutende Hohe Venn mit seinen Moorgebieten. Im Südosten, wo das Monschauer Land an das Schleidener Land angrenzt, liegt der Kermeter als größtes Waldnaturschutzgebiet Nordrhein-Westfalens. Zusammen mit dem Truppenübungsplatz Vogelsang wird dieses Gebiet voraussichtlich nach dem Jahr 2005 in den ersten Nationalpark Nordrhein-Westfalens überführt. Neben diesen großflächigen Gebieten stehen eine Reihe unverbauter Bachtäler wie die Oberläufe der Rur, des Wüste- und Püngelbachs oder des Perlen- und Fuhrtsbachs unter Schutz.

In diesen Gebieten werden die Lebensräume einer typischen Mittelgebirgslandschaft geschützt: naturnahe Buchen- und Eichenwälder, mäandernde Bäche und Talauen. Zahlreiche seltene Pflanzen- und Tierarten kommen hier vor, als besondere Arten sind Wildnarzisse, Schwarzstorch und Biber zu erwähnen. Die beiden letztgenannten großen Tierarten haben einen weiten Aktionsradius und können nur dann erfolgreich überleben, wenn die Schutzgebiete entsprechend großräumig angelegt werden oder dicht beieinander liegen.

Diesem Anspruch versucht „Natura 2000" gerecht zu werden, das geplante Netzwerk aus geschützten Flächen in der Europäischen Union. Am 21. Mai 1992 wurde vom EG-Ministerrat die FFH-Richtlinie verabschiedet. „FFH" steht für „Flora-Fauna-Habitat": Lebensraum für Pflanzen und Tiere. Diese Richtlinie hat zum Ziel, ein europaweites ökologisches Verbundnetz von Gebieten zum Schutz des Naturerbes der Europäischen Gemeinschaft einzurichten, d. h. die Naturlandschaft mit ihrer biologischen Vielfalt zu bewahren. Eine möglichst hohe Dichte von Gebieten innerhalb des Netzes ist notwendig, damit der genetische Austausch der Tier- und Pflanzenarten gewährleistet bleibt.

Für diese Gebiete – die so genannten FFH-Gebiete – gelten bestimmte Schutzvorschriften, die denen für Naturschutzgebiete ähnlich sind. Derzeitig sind von der Bundesregierung für das Monschauer Land über 3600 ha als FFH-Gebiete vorgeschlagen worden, eine erfreuliche Größe, die Wanderern und Erholungssuchenden reichlich Gelegenheit zu Naturbeobachtungen im Monschauer Land gibt.

Die bedeutendsten FFH-Gebiete im Monschauer Land sind:
• das Hohe Venn auf belgischem Staatsgebiet mit über 4200 ha
• das Gebiet Dedenborn, die Talaue des Püngelbach-/Wüstebachtals und der Erkensruhroberlauf mit 614 ha
• das Kalltal und seine Nebentäler mit 621 ha
• der Kermeter mit insgesamt 3555 ha, davon 355 ha im Monschauer Land
• die Buchenwälder bei Zweifall mit 403 ha
• der Oberlauf der Rur mit 938 ha und der Gebirgsbach Rur mit 91 ha
• das Perlenbach-/Fuhrtsbachtal mit 331 ha

Auf ein Wort:
Dieser Landschaftsführer weist Sie auf die Besonderheiten der Tier- und Pflanzenwelt in den Schutzgebieten des Monschauer Landes hin. Wir möchten Sie daran erinnern, dass Sie als Besucher dieser wundervollen Landschaft eine Mitverantwortung für ihren Erhalt tragen. Sie können Ihren wertvollen Beitrag auf ganz einfache Weise leisten, indem Sie die Naturschutzregeln einhalten:
• Beschädigen Sie bitte keine Pflanzen und belästigen oder töten Sie keine Tiere. Nehmen Sie nichts aus einem geschützten Gebiet mit. Nehmen Sie alles, was Sie in ein Gebiet mitgebracht haben, wieder mit hinaus.
• Verlassen Sie bitte die Wege nicht. Nehmen Sie keine Abkürzungen querfeldein.
• Lagern Sie bei Ihren Picknickpausen nicht auf den geschützten Flächen.
• Machen Sie bitte keinen Lärm.
• Nehmen Sie den Hund an die Leine.

Durch das Einhalten dieser Regeln tragen Sie mit wenig Aufwand viel zum Naturschutz bei und werden sich mit anderen erholungssuchenden Mitmenschen noch lange an dieser reichen Eifellandschaft erfreuen können.

S. 104/105:
Besonderheit der
grenznahen Bach-
täler – Wilde
Narzissen

Typisch Mittelgebirge: Buchenwälder und Bachtäler

Wandern und Radeln bei Zweifall

Schwierigkeitsgrad: Abkürzung leicht; volle Strecke mittelschwer wegen des Pfades durch das Krebsbachtal und der Gesamtlänge
Anfahrt mit dem Pkw:

• aus Richtung Aachen Trierer Straße bis Kornelimünster – Venwegen – Mulartshütte – Hahner Straße, auf der Hahner Straße ca. 2 km bergab fahren, über den ersten Talgrund hinweg zum zweiten, dort nach links zum Parkplatz Kleebend abbiegen
• aus Richtung Köln/Düren B399 bis Lammersdorf, im Ortsteil Waldsiedlung in Richtung Mulartshütte abbiegen auf die Hahner

Gegenüber: in den Buchenwäldern bei Zweifalll

Straße, hier ca. 4 km bergab fahren, bis Sie die Talsohle erreicht haben, zum Parkplatz Kleebend nach rechts abbiegen

• aus Richtung Bonn/Euskirchen B266 bis Simmerath, Ortsteil Kesternich – Lammersdorf, im Ortsteil Waldsiedlung in Richtung Mulartshütte abbiegen auf die Hahner Straße, hier ca. 4 km bergab fahren, bis Sie die Talsohle erreicht haben, zum Parkplatz Kleebend nach rechts abbiegen

Parkmöglichkeit: Hahner Straße zwischen Mulartshütte und Lammersdorf, Wanderparkplatz Kleebend

Ausgangspunkt: Hahner Straße zwischen Mulartshütte und Lammersdorf, Wanderparkplatz Kleebend

Wegmarkierungen: teilweise ohne, teilweise Wegmarkierungen des Eifelvereins, teilweise lokale Ausschilderungen

Tourenlänge: volle Strecke 12 km; Abkürzung 9 km

Wanderzeit: volle Strecke 3,5–4 Stunden; Abkürzung 2,5–3 Stunden

Fahrzeit: 1–1,5 Stunden (nur Abkürzung)

Einkehrmöglichkeiten: unterwegs keine, nächstgelegenen in Rott und Mulartshütte

Besondere Hinweise: Obwohl der Spaziergang größtenteils durch Wälder führt, werden die Wege bei starker Sonneneinstrahlung häufig nicht beschattet, da sie z. T. sehr breit sind. Nur die Abkürzung ist als Fahrradtour geeignet. Der Fußpfad der vollen Strecke ist nicht befahrbar.

Empfohlene Jahreszeit: Frühling–Herbst

Altersklassenwald mit Fichte

Streckenverlauf

◆ Auf dem Parkplatz orientieren Sie sich von der Hahner Straße weg waldwärts und folgen dem Weg vom Parkplatz. Den ersten Abzweig nach rechts gleich hinter der Schranke lassen Sie unbeachtet. Sie befinden sich nach einer Linkskehre auf der schnurgeraden Zweifaller Schneise und folgen dieser für 50 m.

◆ Dann biegen Sie auf einen Fußpfad nach links auf den WW A2 in einen Fichtenhochwald ein *(Thema: Naturnahe Waldwirtschaft, S. 116)*, der nach 200 m von Laubwald durchmischt wird. Bald begleitet der Weg das Bachtälchen des Lenzbachs, dessen Wasser aufgrund des hohen Eisengehalts rötlich gefärbt ist *(Thema: Historische Eisenindustrie im Vichttal, S. 118)*. Einen Fußpfad nach rechts nach weiteren 500 m lassen Sie unbeachtet. Nach nochmals 250 m mündet der Weg vor einem Löschteich auf einen Wirtschaftsweg. Auf diesen biegen Sie nach links ab und folgen ihm für 250 m durch Fichten- und Laubwald.

◆ Dieser mündet auf einen weiteren Wirtschaftsweg, auf den Sie nach rechts abbiegen. Abwechselnd passieren Sie nun strukturreiche Buchenwälder *(Thema: Die Buchenwälder bei Zweifall, S. 120)* und bewuchsarme Fichtenhochwälder. Nach 500 m quert eine Schneise, die Sie unbeachtet lassen, nach weiteren 500 m, kurz bevor der Weg die Mulartshütter Schneise kreuzt, finden Sie ein Schild mit dem Hinweis „Altes Werk".

Strukturreicher Laubwald

◆ Sie überqueren die Mulartshütter Schneise und wandern 500 m durch Mischwälder geradeaus weiter. Rechts begleitet der junge Vollerbach den Weg. Wo es stärker bergab geht, passieren Sie Buchenhallenwälder. Unterwegs kommen Sie am Aufschlusspunkt Nr. 10 eines geologischen Lehrpfades vorbei.

◆ Die Straße mündet auf eine weitere Waldwirtschaftsstraße, in die Sie nach rechts in Richtung Zweifall abbiegen. 50 m dahinter lädt die Großquelle zu einem Abstecher ein (Hin- und Rückweg je 50 m). Kurz darauf passieren Sie den geologischen Aufschlusspunkt Nr. 12. Nach 500 m lassen Sie einen einmündenden Wanderweg von links unbeachtet, ebenso einen weiteren von rechts nach 200 m sowie eine kreuzende Schneise nach nochmaligen 300 m.

Erlenaue am Lenzbach

Nach weiteren 500 m kommen Sie zur Zweifaller Schneise. Diese überqueren Sie geradeaus ("Zweifall 4 km") und passieren hier einen strukturreichen Eichenmischwald. Nach 500 m erreichen Sie eine Gabelung.

◆ An der Gabelung nach rechts abbiegen. Im weiten Linksbogen schwenkt der Weg über 1 km zunächst leicht, dann stärker abwärts durch einen Buchenwald, dessen imposanter, lichter Altbaumbestand über einer Strauchschicht aus Jungbäumen steht. Der Weg mündet in spitzem Winkel auf einen Wirtschaftsweg, der den Solchbach begleitet. Hier müssen Sie sich entscheiden, ob Sie die Abkürzung oder die volle Strecke wählen.

Abkürzung:

◆ Sie biegen auf den Wirtschaftsweg entlang des Solchbachs mit seinem bachgeleitenden Erlenwald *(Thema: Die Bachtäler im FFH-Gebiet Zweifaller Wald, S. 121)* nach rechts ab und folgen diesem aufwärts. Nach etwa 1 km überquert der Weg den Solchbach. Kurz dahinter münden von links zwei Wege ein, die Sie unbeachtet lassen. Nach weiteren 500 m kommen Sie an eine Informationstafel über die Eisenindustrie des Vichtbachtals.

Große Segge

◆ Kurz dahinter überqueren Sie eine Kreuzung, an der von rechts der WW 7 einmündet. Sie folgen dem Solchbach weiterhin linksseitig auf dem WW A3. Hier hört nun der naturnahe Erlenwald auf und Fichten beherrschen das Bild des Bachtals. Eine querende Schneise nach 500 m lassen Sie unbeachtet.

◆ An der nächsten Gabelung 300 m weiter zweigen Sie nach links vom Hauptweg ab und verlassen den WW A3, wandern aber weiterhin entlang des Solchbachs. Fichtenhochwald steht an den Hängen wie auch im Bachtal, das in diesem Abschnitt mit seinen zahlreichen Entwässerungsgräben quer zum Tal vergangene Methoden der naturfernen Waldwirtschaft dokumentiert.

◆ Eine querende Schneise nach 200 m lassen Sie unbeachtet. Nach weiteren 100 m mündet der Weg auf einen Wirtschaftsweg,

Buchen-Hallenwald

dem Sie nach rechts für 50 m folgen. Dieser mündet an einer Kreuzung (Schneise einbezogen) auf einen weiteren Wirtschaftsweg, dem Sie ebenfalls nach rechts folgen, um kurz darauf das Rinnsal des Solchbachs in einer Haarnadelkurve zu überqueren. Hinter den beiden sich aus dem Solchbachtal herauswindenden Serpentinen (eine einmündende Schneise von rechts lassen Sie unbeachtet)

Singt im Hallenwald: die Mistel-Drossel

*Oben: Quirl-
blättrige Weiß-
wurz*

*Unten: Mai-
glöckchen*

münden an einem Rastplatz von links zwei Schneisen ein, an denen Sie vorübergehen. Sie folgen dem schnurgeraden Hauptweg über weitere 500 m bis zur Zweifaller Schneise. An dieser Einmündung finden Sie eine frühgeschichtliche Wallanlage links- und rechtsseitig des Weges.

◆ Sie biegen nach links auf die Zweifaller Schneise ein und gelangen nach 300 m zurück zum Parkplatz Kleebend.

Volle Strecke:

◆ Auf den Wirtschaftsweg entlang des Solchbachs nach links abbiegen und der entfichteten Talaue des Solchbachs abwärts folgen *(Thema: Die Bachtäler im FFH-Gebiet Zweifaller Wald, S. 121)*. Von rechts mündet nach 100 m der Weg aus dem Hasselbachtal ein, diesen unbeachtet lassen und geradeaus in Richtung Zweifall weiterwandern. Wenige Meter dahinter lädt rechtsseitig ein Löschteich mit Ruhebank zu einer Rast und zur Beobachtung von Wasserinsekten ein.

◆ Sie überqueren den Hasselbach, um nach 100 m an die Rasthütte „Am Haferstück" zu gelangen, wo der Weg auf eine Waldwirtschaftsstraße (WW 9) einmündet.

◆ Sie folgen dieser 100 m nach links bis zur nächsten Gabelung.

◆ An dieser Gabelung halten Sie sich rechts („Bushaltestelle Solchbachtal"), womit Sie WW 9 verlassen, aber auf WW 8 verbleiben. Nach 100 m überqueren Sie den Krebsbach.

◆ Auf den von rechts einmündenden Weg (Lehrpfad) abbiegen und dem Krebsbach für etwa 2,5 km folgen. Einmündende Wege und querende Schneisen lassen Sie dabei unbeachtet. Im unteren Bereich des Krebsbachtals ist die Bachaue überwiegend verfichtet. Weiter oben bekommt sie mehr Farbe und ist naturnah mit den typischen bachbegleitenden Laubgehölzen bestanden. Der Weg wird hinter einem Holzlagerplatz tief zerfurcht und schwerer begehbar, doch weist er hier einige interessante Waldtümpel auf mit Kaulquappen, Wasserläufern und Schwimmkäfern. Laub- und Nadelwald wechseln entlang des Weges. Binsen und Stauden besiedeln zunehmend den Weg und er wandelt sich mehr und mehr zu einem Fußpfad entlang tiefer Fahrfurchen, die die Natur allmählich wieder zurückerobert. Dadurch wird der Fußpfad stellenweise schwer sichtbar, dieser führt aber stetig bergan dem Hasselbachgraben zu *(Thema: Trinkwassergewinnung im Monschauer Land, S. 122)*. Der Krebsbach entfernt sich nach 1 km aus dem Sichtfeld, bis einer seiner Quellbäche im Fichtenwald nach weiteren 500 m das gewohnte Plätschern wieder hören lässt. Der dunkle Fichtenforst wandelt sich bald in einen Buchenhallenwald mit mächtigen Baumriesen. In dieser idyllischen Abgeschiedenheit mündet der Fußpfad überraschend auf den Damm des Hasselbach-Hanggrabens.

◆ Auf den Fußpfad des Damms biegen Sie nach rechts ein, um dem Fließgewässer über insgesamt 2,5 km zu folgen.

◆ Nach 50 m vollführt der Hasselbachgraben am Zufluss eines der Krebsbachquellbäche einen Rechtsknick, dem der Pfad in einen Fichtenwald hinein folgt. Nach 500 m wird der Graben von einer Wirtschaftsstraße (WW 9) ge-

krcuzt. Nach weiteren 750 m kreuzt der WW A1 über eine kleine Brücke, auf die im Abstand von je ca. 100 m zwei weitere Brücken folgen. Nach 1 km kreuzt der Hasselbach den Hanggraben, hier finden Sie in Sichtweite auch seinen Pegelmessstand *(Thema: Pegelmessanlagen, S. 92, Tour 6)*. Die beiden folgenden auf der Eifelvereinswanderkarte eingezeichneten Brücken sind nicht mehr vorhanden. Etwa 500 m hinter dem Hasselbachwehr unterquert der Graben einen Wirtschaftsweg. Nach weiteren 250 m wird er von einer Brücke gekreuzt.

◆ An dieser Brücke verlassen Sie den Hasselbachgraben und biegen nach rechts auf den WW A1 ab, der Sie nach 750 m bergab zurück zum Parkplatz bringt.

Auwald des Solchbachs mit Schachtelhalm

Naturnahe Waldwirtschaft

Das Umweltministerium des Landes Nordrhein-Westfalen hat für den Staatswald die „Naturnahe Waldwirtschaft" eingeführt und diese Wirtschaftsform auch für den Privat- und Kommunalwald angeregt.

Im Gegensatz dazu steht die traditionelle Forstwirtschaft, die sich am „preußischen Idealmodell" des Waldes orientiert. Dabei werden 100 ha einer Baumart – bevorzugt Fichte, denn sie wächst am schnellsten – in Flächen von je 1 ha aufgeteilt und jede Fläche ist ein Jahr älter als die benachbarte. In jedem Jahr wird die Fläche mit den ältesten, d.h. den 100jährigen Bäumen kahlgeschlagen und neu mit jungen Bäumen bepflanzt.

Oben: Bewohner des naturnahen Waldes – Scharlachroter Feuerkäfer

Unten: Fichtenhochwald mit Laubwaldverjüngung

Dieses so genannte „Altersklassenmodell" pflegt die ausschließliche Sichtweise des Waldes als Ort industrialisierter Holzproduktion, und berücksichtigt dabei nicht, dass der Wald
• Teil des Naturhaushalts unserer Landschaft ist und er nicht ohne Schäden für diese bewirtschaftet werden kann, wenn nicht seine Wechselwirkungen mit Boden, Wasser und Luft berücksichtigt werden
• Lebensraum für Tiere und Pflanzen ist und
• als Erholungsraum für Menschen fungiert.

In der Naturnahen Waldwirtschaft wird den ökologischen Aspekten mehr Bedeutung beigemessen. Ein Ausdruck dieser Umorientierung ist die Überführung von Nadelwald in Laubwald. Das Land Nordrhein-Westfalen will den Anteil des Laubwaldes durch Naturnahe Waldwirtschaft von 45 auf 55 % erhöhen.

Außerdem werden Kahlschläge ersetzt durch den Einschlag ausgewählter Einzelbäume. Bei der Einzelstammnutzung entstehen Wälder mit wechselnden Lichtverhältnissen und unterschiedlich alten Bäumen, die Lebensnischen für viele Tier- und Pflanzenarten anbieten. Man kann diesen Artenreichtum nicht nur sehen, sondern auch hören. Während in lichtarmen Fichtenforsten selten mehr als das hohe Wispern der Sommer- und Wintergoldhähnchen ertönt, ist

in solchen strukturreichen Laubwäldern ein viel-
stimmiges Vogelkonzert zu hören: Rotkehlchen,
Zaunkönig, Kleiber, Singdrossel, Misteldrossel,
Amsel, Meisen, Zilpzalp, Waldlaubsänger, an
lichteren Stellen auch Mönchsgrasmücke, Fitis
und Baumpieper.

Besonders wichtig für den Artenreichtum in
einem naturnahen Wald sind alte und tote Bäume – Förster sprechen vom Altholzanteil und
vom Totholzanteil eines Waldes. Totholz ist ein
wichtiger Entwicklungsraum für zahlreiche Insekten. Die Insektenlarven sind die Nahrungs-
quelle für Spechte, weshalb die Förster tote Bäume häufig auch Spechtbäume nennen. Das
Totholz hat sein eigenes Nahrungsnetz und ist
ein besonders artenreicher Lebensraum innerhalb des Waldes.

Die moderne Waldwirtschaft ist nicht nur
naturfreundlicher, sondern mindestens genauso ökonomisch. Auf
den Lichtungen der gefällten Einzelbäume samen sich junge
Bäume von selbst an. So können die Kosten für Anpflanzungen ein-
gespart werden. Der Förster fördert durch selektives Herausneh-
men von Konkurrenten das Wachstum der Baumarten, die er produzieren möchte.

*Oben: frühe
Adonislibelle*

*Mitte: Erlenaue
im Solchbachtal*

Spechtbaum

Historische Eisenindustrie im Vichttal

Geopunkt Nr. 10: historischer Steinbruch am Vollerbach für Haus- und Wegebau

In den Wäldern des oberen Vichttals und seiner Nebenbäche südlich von Zweifall stößt man immer wieder auf seltsame Aufschüttungen und Vertiefungen im Wald. Es handelt sich um so genannte Pingen, Spuren ehemaligen Eisenerzabbaus, der in der Nordeifel seit dem Mittelalter in großem Stil betrieben wurde.

Bis ins 18. Jahrhundert hinein waren es meist Bauern der Umgebung, die in Saisonarbeit das Erz förderten. Dabei gruben sie in oberflächennahen Vertiefungen nach Brauneisen, dem hier am häufigsten vorkommenden Eisenerz, sowie nach Raseneisenerz auf den feuchten Talwiesen der Bäche. Erst später wurden auch kleinere Schächte und Stollen angelegt. Mitte des 19. Jahrhunderts nahm der Eisensteinbergbau professionellere Formen an, da nun das Bergrecht eine Konzessionierung der Felder notwendig machte. Sogar ein richtiges Bergwerk wurde an einem Seitenbach des unteren Hasselbachs im Grubenfeld „Altwerk" erschlossen. Das Bergwerk „Altwerk" förderte von 1847–66.

Rötlich vom Eisengehalt: das Wasser des Solchbachs

Das Eisenerz brachte man mit Fuhrwerken in die nahen Hütten-werke im Vichttal. Hier wurde es in Schmelzöfen verflüssigt, ge-gossen und später in wassergetriebenen Hammerwerken bearbeitet. Für die Verhüttung waren große Mengen an Holzkohle notwendig *(Thema: Herstellung von Holzkohle, S. 67, Tour 4)*. Noch heute kann man im Zweifaller Wald zahlreiche ehemalige Meilerplätze finden.

Als ältester Ort der Eisenverhüttung der Region gilt Zweifall, wo nachweislich seit 1423 Eisen verhüttet wurde. Im Laufe des 15. und 16. Jahrhunderts entstanden zahlreiche Eisenhütten- und Ham-merwerke, so in Mulartshütte (das Hüttenwerk gab dem Ort den Namen), in Zweifall sowie an verschiedenen Standorten Richtung Stolberg. Sie lagen meist auf der rechten Seite der Vicht auf Jülicher Territorium, da die Herzöge von Jülich dieses Gewerbe im Gegensatz zur Reichsabtei Kornelimünster auf der linken Seite des Baches förderten. Eine der berühmtesten und erfolgreichsten Reit-meister, wie die Hüttenbesitzer genannt wurden, waren Mitglieder der Familie Hoesch, Vorfahren der späteren Gründer des Dortmun-der Konzerns.

Mit zunehmender Konkurrenz der Eisenindustrie in der Wallonie und im Ruhrgebiet seit der Mitte des 19. Jahrhunderts konnten sich die kleinen Eifeler Betriebe nicht mehr halten und gaben bald ihre Produktion auf.

Geopunkt Nr. 12:
Schurfstelle im
Bergwerksfeld
„Altwerk"

Oben: falsche Frucht – Gewöhnlicher Eichengallapfel

Unten: charakteristisches Waldgras – Weiße Haimsimse

Die Buchenwälder bei Zweifall

Zwischen Rott, Zweifall, Raffelsbrand und Lammersdorf liegt ein Waldgebiet, dessen Kern als FFH-Gebiet mit dem Namen „Die Buchenwälder bei Zweifall" dem europaweiten Schutzgebietsnetz „Natura 2000" (Themenkreis: Naturschutz im Monschauer Land, S. 104) angegliedert werden soll. Mit 403 ha Größe liegt es im Umfeld der Oberläufe von Krebs-, Hassel- und Solchbach. Die Buchenwälder bei Zweifall zählen zusammen mit dem Kermeter und den Gebieten Dedenborn und Bad Münstereifeler Wald zu den Buchenwald-Kerngebieten der Eifel.

Prägend sind hier ausgedehnte Buchenbestände auf sauren Böden, in denen das Vorkommen der Weißen Hainsimse charakteristisch ist. Zwischen Vollerbach und Solchbach oder am Oberlauf des Krebsbaches finden Sie „Hallenwälder", deren glatte, silbergraue Buchenstämme wie die hohen geraden Säulen einer Halle erscheinen. Hier kommt die Misteldrossel vor, deren getragen-flötender Gesang nahezu feierlich klingt und die Hallenwirkung dieser Wälder noch verstärkt.

Eingemischt in die Buchenwälder sind Stiel-Eichenwälder sowie Fichtenforste, die langfristig in Buchenwälder umgewandelt werden sollen. Daneben gibt es auch die Naturwaldzelle „Kreitzberg", eine Mischwaldfläche von 3 ha Größe, die das Forstamt Hürtgenwald nicht mehr bewirtschaftet. Durch den fehlenden Holzeinschlag durchläuft dieses Waldstück den gesamten Zyklus des Werdens und Vergehens, wodurch sich die natürliche Artenvielfalt der Pflanzen und Tieren für diesen Standort einstellen kann. Durch den höheren Totholzanteil finden hier zahlreiche Insekten ihren Lebensraum: leuchtend rote Feuerkäfer lecken Blattsäfte, die Gemeine Eichenschrecke kriecht durch das Laub oder Gallwespen produzieren ihre Gelege in Gallen, die wie falsche Früchte unter den Blättern hängen. Sehr seltene Vogelarten wie der Grauspecht kommen im Buchenwaldgebiet bei Zweifall vor.

Die Bachtäler im FFH-Gebiet Zweifaller Wald

Die Bachtäler in den Buchenwaldgebieten bei Zweifall sind eigene Lebensräume, die sich von den Buchenwäldern unterscheiden. Prägend für die Talaue ist der dicht unter der Bodenoberfläche verlaufende Grundwasserspiegel, der durch die Stauung des von den Talhängen zufließenden Wassers auf dem Talgrund verursacht wird. Auch Überschwemmungen sind durchaus nicht selten, und so kommt es, dass die Bäume hier – je nach Niederschlägen – mehr oder weniger regelmäßig und unterschiedlich tief mit ihren Wurzeln im Wasser stehen. Diese Lebensbedingungen ertragen Buchen nicht, und deshalb können sich andere Baumarten auf der Talaue durchsetzen – allen voran die Schwarzerle, die als typische

Bachbegleiterin mal als linienförmiger Galeriewald, mal als flächiger Bruchwald mit Birken, Weiden und Eschen durchmischt das charakteristische Bild des Mittelgebirgsbaches prägt.

Während das Solchbachtal inzwischen überwiegend von Fichten freigestellt ist, gibt es noch einige Strecken im Krebsbachtal, die der Renaturierung bedürfen, und auch das benachbarte Hasselbachtal ist noch ganz überwiegend verfichtet. Wenn in den kommenden Jahren die Waldumwandlung weiter fortschreitet und sich Weichholzarten wie Birken und Weiden auf den Talböden ansiedeln, besteht die Hoffnung, dass sich in diesen Bachtälern auch Biber wieder einfinden.

Oben und Mitte: Artisten auf der Wasseroberfläche: Bach- und Teichläufer

Erlenaue am Krebsbach

Trinkwassergewinnung im Monschauer Land

Im Monschauer Land wird außer in der Perlenbachtalsperre auch in der ganz in der Nähe gelegenen Dreilägerbachtalsperre Trinkwasser gewonnen, die den Kreis Aachen sowie angrenzende Gebiete beliefert.

Die Dreilägerbachtalsperre ist über den Kallstollen unterirdisch mit der Kalltalsperre verbunden *(Thema: Die Kalltalsperre, S. 94, Tour 6)*, die ihrerseits über Stollen Wasser aus dem Rursee bezieht *(Thema: Das Stollensystem der Kalltalsperre, S. 93, Tour 6)*. Auf diese Weise ist ein ausreichender Wasserzufluss der Dreilägerbachtalsperre mit ihrem bescheidenen Einzugsgebiet von nur 22 km² für das große Versorgungsgebiet sichergestellt.

Trockenes Bachtal unterhalb des Grabens

Die Dreiläugerbachtalsperre wurde in den Jahren 1909–11 gebaut und von 1990–93 umfangreich saniert. Der Wasserkörper wird von einer Gewichtsstaumauer gehalten, die mit 33 m eine beachtliche Höhe aufweist. Der See fasst bescheidene

Hasselbachgraben

3,87 Mio. m³, bei vollem See wird eine Wasserhöhe von 391,5 m ü. NN erreicht (Stauziel).

Bereits im Jahr 1920, bevor der Kallstollenzufluss gebaut wurde, vergrößerte man das Wassereinzugsgebiet der Dreilägerbachtalsperre und legte den Schleebach- und den Hasselbachgraben an. Der nahezu hangparallele Hasselbachgraben, der ein nur geringes Gefälle aufweist, sammelt das Wasser der nach Norden abfließenden Quellbäche von Gieschel-, Krebs-, Hassel- und Solchbach und leitet es der Dreilägerbachtalsperre zu.

Mit Ausnahme des Hasselbachs wird von Quellbächen die gesamte Wassermenge abgeleitet. Daher können Sie rechtsseitig des Hasselbachgrabens bei Ihrer Wanderung die trockenen Bachbetten erkennen, in denen einst die Quellbäche flossen. Nur am Hasselbach selbst wird nicht die gesamte Wassermenge in den Graben eingeleitet, sondern über ein kleines Wehr, das den Abfluss und die Regulierung der Wassermenge erlaubt, ein Teil des Wassers dem Hasselbach belassen. Hier finden Sie auch die Pegelmessanlage des Hasselbachs. Mit ihrer reduzierten Wassermenge sind diese Bäche vom Menschen verändert, und man kann nun nicht mehr von „natürlichen", sondern nur noch von „naturnahen" Bachverläufen sprechen.

Pegelmessstelle des Hasselbachs

Ein europäisches Stück Natur: Das Hohe Venn

Per Pedes, Rad oder Ski durch das Steinley-Venn

Schwierigkeitsgrad: volle Strecke mittel wegen der Gesamtlänge; Abkürzung leicht

Anfahrt mit der Vennbahn: an Wochenenden während der warmen Jahreszeit aus den Richtungen Eupen und Stolberg, Fahrplaninformationen unter www.vennbahn.de

Anfahrt mit dem Pkw:

• aus Richtung Aachen B258 nach Roetgen – Konzen

• aus Richtung Köln/Düren B399 bis Lammersdorf – Konzen

• aus Richtung Bonn/Euskirchen B266 bis Simmerath – B399 bis Simmerath/Am Gericht – Konzen

Parkmöglichkeiten: Konzen Ortseingang, Wanderparkplatz Entenpfuhl an der B258

Ausgangspunkt: Konzen Ortseingang, Wanderparkplatz Entenpfuhl

Gegenüber: Moorbirkenwäldchen im Steinley-Venn

Wegmarkierungen: teilweise ohne, teilweise Markierungen der belgischen Forstverwaltung

Tourenlänge: volle Strecke 13,5 km; Abkürzung 8 km

Wanderzeit: volle Strecke 4 Stunden; Abkürzung 2,5 Stunden

Fahrzeit: 1–2 Stunden (nur volle Strecke)

Skiwandern: 2–3 Stunden (nur volle Strecke)

Einkehrmöglichkeiten: unterwegs keine, nächstgelegenen in Konzen und Imgenbroich, empfehlenswert auch Monschau

Besondere Hinweise:

• Die volle Strecke führt ausschließlich über befestigte Wirtschaftsstraßen. Sie können die volle Strecke als große Wanderung, alternativ im Winter als Langlauf-Skistrecke oder im Sommer als Fahrradtour durchführen. Für die Abkürzung ist nur Wandern möglich, Fahrrad und Ski fahren sind auf den Fußpfaden durch das Naturschutzgebiet nicht erlaubt.

• Hunde sind in den Naturschutzgebieten des Hohen Venns auch angeleint nicht erlaubt.

• WARNUNG! Falls an den Zugängen der Schutzgebiete rote dreieckige Fahnen ausgehängt sind, besteht Brandgefahr und Sie dürfen diese Gebiete nicht betreten. Sie können dann keine Wanderung im Venngebiet unternehmen. Es empfiehlt sich, im Voraus bei der belgischen Forstverwaltung anzufragen, ob gerade Brandgefahr herrscht, Info-Tel. 0032-80-44 72 72.

Empfohlene Jahreszeit: Frühsommer–Spätwinter

Auf dem Blessweg

Streckenverlauf

◆ Bevor Sie die Vennflächen erreichen *(Thema: Das Hohe Venn, S. 130)*, legen Sie etwa 1 km durch Waldgebiete zurück. Sie verlassen den Parkplatz Entenpfuhl in Richtung der Vennbahngleise und folgen linkerhand einem 50 m langen Fußpfad, der entlang der Gleise auf den Blessweg führt.

◆ Auf diesen biegen Sie nach rechts ab, überqueren die Gleise und folgen der Waldwirtschaftsstraße weiter geradeaus. Nach 50 m lassen Sie den Abzweig „Auf Aderich" links liegen und passieren damit das Anna-Hauseur-Kreuz, das im Gedenken an ein 15-jähriges Mädchen aufgestellt wurde, die in einer Lehmgrube beim Lehmstechen verunglückte. Nach weiteren 50 m passieren Sie eine Tafel mit einer Karte und den Wanderwegmarkierungen *(Thema: Besucherlenkung im*

Moorbirken und Pfeifengras im Steinley-Venn

Hohen Venn, S. 136). Sie orientieren sich an der roten Raute auf weißem Grund, die Sie über die schnurgerade Wirtschaftsstraße Blessweg, in älterer Literatur auch Bleesweg genannt, durch Fichten- und Erlenwald geradeaus weist. Nach etwa 800 m passieren Sie den Abzweig „Stehling". Sie folgen dem Blessweg weitere 200 m geradeaus und gelangen etwa 50 m hinter einem Waldspielplatz linksseitig zum Brachkopf. Hier gibt linkerhand der Wald den Blick über das Steinley-Venn frei *(Thema: Das Steinley-Venn, S. 137)*. Das Steinley-Venn liegt als weites, sanft geneigtes Hangmoor mit Pfeifengras vor Ihnen. Eine Tafel informiert Sie erneut über den Schutzstatus dieses Gebiets. Hier müssen Sie sich entscheiden, ob Sie die volle Strecke oder die Abkürzung nehmen. Wenn Sie mit Rad oder Skiern unterwegs sind, können Sie nur die volle Strecke fahren.

Abkürzung:

◆ Sie folgen dem Fußweg in das Steinley-Venn hinein, der erneut mit der roten Raute markiert ist und mit einem Bohlensteg über den Entwässerungsgraben beginnt. Auf den Bohlenstegen sind im Sommer häufig Wald- oder Bergeidechsen zu sehen. Dem Fußpfad

Auf dem Pilger-weg

folgen Sie an zwei auslandenen Kiefern vorbei durch die weite Fläche, die locker mit Bäumen und Büschen bestanden ist. Bald passieren Sie das Aachener Wegekreuz, dessen erste Ausführung 1896 am Weg von Monschau nach Aachen aufgestellt wurde. Kurze Zeit später durchwandern Sie ein abgeholztes Fichtengebiet, danach ein kleines Birkenwäldchen und überqueren mehrfach kleine Bäche und Rinnsale, die sich weiter östlich zum Weserbach vereinigen. Der Bereich heißt „Balloch" oder „Furt". Schließlich mündet der Fußpfad über einen letzten Entwässerungsgraben auf den Wirtschaftsweg, der das Steinley-Venn begrenzt.

◆ Sie folgen diesem über 750 m nach links. Während rechter Hand Fichtenforste den schnurgeraden Wirtschaftsweg säumen, bietet sich links ein weiter Blick über das Steinley-Venn.

◆ Sie biegen nach links auf einen Fußpfad in ein Birkenwäldchen ein, der mit der roten Raute markiert ist und in der Karte als „Kupferstraße" bezeichnet wird. Sie durchqueren die locker mit Gebüschen bestandene Fläche auf verschlungenem Pfad über etwa 1 km.

◆ Dann biegen Sie nach links auf den Konzener Weg ein. Hier vereinigt sich die Abkürzung wieder mit der vollen Strecke. Bitte lesen Sie weiter bei „Gemeinsamer Rückweg".

Volle Strecke:
◆ Sie lassen das Steinley-Venn links liegen und folgen der Wirtschaftsstraße zwischen hohen Fichten hindurch etwa 1,5 km über die

Lichter Laubwald

Weserbrücke ins Tal. In weitem Bogen ändert die gerade Wirtschaftsstraße ihre Richtung von Nordwesten nach Südwesten, wechselweise durch naturnahe Birkenwäldchen oder durch Fichtenforste. Die Straße überbrückt ein weiteres Rinnsal. Hinter einem langen geraden Wegstück überqueren Sie schließlich den Steinbach. Nun geht es bergan zum Pilgerweg. Auf diesen mündet die Wirtschaftsstraße nach etwa 500 m und Sie biegen mit ihr

Arnold-Kreuz am Pilgerweg

nach links ab. Nach weiteren 500 m öffnet sich der Blick auf die Schutzgebiete des Steinley- und Allgemeinen Venns. Über etwa 1,75 km begleiten Sie nun diese beiden Venngebiete links und rechts des Weges. Die natürliche Wiederbewaldung dieser Gebiete vermittelt eine Vorstellung davon, wie natürliche Moorwälder aussehen. Unterwegs passieren Sie das Arnold-Kreuz, das an den Tod des Burgvogt von Konzen, Arnold Müllenmeister, im Jahre 1767 erinnert.

◆ Am Ende dieser Venndurchquerung kreuzt der Pilgerweg den Konzener Weg, dem Sie nach links in Richtung Konzen folgen. Unterwegs mündet von links die Kupferstraße ein, der Fußpfad, über den die Abkürzung sich wieder anschließt.

Gemeinsamer Rückweg:

◆ Dieser Wirtschaftsstraße folgen Sie abwärts bis zu ihrem Ende, wo Sie wieder auf den Blessweg gelangen.

◆ Auf diesem biegen Sie nach rechts ab zurück zum Wanderparkplatz Entenpfuhl.

Wiederbewaldung im Allgemeinen Venn

Das Hohe Venn

Das Hohe Venn ist ein Moorgebiet mit europaweit bedeutenden Naturschutzflächen. Der kleinere Teil des Hohen Venns liegt in Deutschland, der weitaus größere und ökologisch wertvollere Teil liegt jenseits der Grenze auf belgischem Gebiet. Auf deutscher Seite wurde der Torf in weiten Bereichen abgetragen *(Thema: Vennkultivierung, S. 36, Tour 2)* und die Flächen in Wirtschaftswiesen überführt.

Mit etwa 4200 ha befinden sich im Hohen Venn die größten Naturschutzgebiete Belgiens. Sie wurden seit 1966 in fünfjährigen Abständen vom Europarat ausgezeichnet. Die Bedeutung dieser Schutzgebiete ist dreifach begründet:

• Hier liegen noch ungefähr 100 ha an großflächigen, aktiven Hochmooren *(Thema: Hochmoore, S. 131).*

Vennpflanze:
Schmalblättriges
Wollgras in Frucht

• Pflanzen aus verschiedenen Verbreitungsgebieten treffen hier aufeinander und ergeben eine für Mitteleuropa einzigartige Artenzusammensetzung *(Thema: Verbreitungsgebiete der Pflanzen, S. 134).*

• Im Hohen Venn gibt es noch Spuren im Gelände, die den Klimawechsel am Ende der letzten Eiszeit bezeugen *(Thema: Spuren der Eiszeit, S. 135).*

Optimal getarnt
in den Moorhei-
den des Venns:
ein brütendes
Birkhuhn

Hochmoore

Hochmoore sind Lebensräume, bei denen die Pflanzendecke sich aufgrund einer mindestens 80–100 cm hohen Torfschicht über den mineralischen Boden erhebt. Daher ihr Name – und nicht etwa wegen der Höhenlage. Da der Torf fast immer nass ist, zudem sehr sauer und auch noch extrem wenige Nährstoffe enthält, sind die Pflanzen, die auf einem Hochmoor wachsen, ausgesprochene Überlebenskünstler. Die meisten sind eng an diese extremen Bedingungen angepasst und können nur im Lebensraum Hochmoor überleben. Da Hochmoore in Mitteleuropa selten geworden sind, ist ihre Pflanzenwelt ebenfalls eine besondere Rarität.

Im Hohen Venn können die Torfschichten in den Hochmooren eine Mächtigkeit von bis zu 8 m erreichen, was Sie besonders gut an ehemaligen Torfgruben erkennen können. Der Torf besteht aus pflanzlichen Ablagerungen, die sich nicht vollständig zersetzt haben. Maßgeblich beteiligt an der Torfbildung in Hochmooren sind die Torfmoose. Im statistischen Mittel wird jedes Jahr ein weiterer Millimeter an Torf gebildet. Eine Torfschicht von 6 m Mächtigkeit hat somit eine Wachstumsdauer von etwa 6000 Jahren. Hochmoore wachsen also – sie sind „aktiv".

Oben: Untergrund – toniger Lehm mit Lössauflage

Mitte: seltene Hochmoorpflanze, die Rosmarinheide

Hochmoor mit offenen Schlenken

*Mächtige
Torfschicht an
der Torfgrube*

Drei Gründe lassen sich für die Entstehung von Hochmooren im Hohen Venn anführen:

• Zum besonderen Klima des Hohen Venns gehören seine außerordentlichen Niederschläge von etwa 1400 mm pro Jahr. Sie versorgen die Hochmoore mit reichlich Wasser.

• Der mineralische Boden besteht aus tonigem Lehm, der für die einfallenden Niederschläge nahezu undurchdringlich ist. Eine Hand voll dieses feuchten, grauen oder, wenn Lösslehm dabei ist, auch rötlichen Bodens hat die zähe Konsistenz von Knetmasse und lässt sich wie diese verformen. Auf ihm sammelt sich das Regenwasser. Zusammen mit seinem sauren ph-Wert und seiner Kargheit bietet dieser Boden gute Bedingungen für die Ansiedelung von Torfmoosen.

• Das Hohe Venn ist eine Hochebene mit nur sanft geneigten Hängen und kaum wahrnehmbaren Erhebungen. Auch dies trägt dazu bei, dass Niederschläge lange in der Landschaft verweilen und nur langsam abfließen.

Durch die Entwässerung eines Hochmoors sterben die Torfmoose ab, das Hochmoor hört auf zu wachsen und wird inaktiv. Mehr als 1000 ha an aktiven Hochmooren hat es im Hohen Venn in unberührtem Zustand gegeben. Etwa 90 % davon wurden zum Torfstechen und für Kultivierungszwecke entwässert und sind heute inaktiv.

*Torfmoos bei der
Torfbildung*

Zudem wurden sie teilweise oder vollständig abgetragen. Moorheiden heißen die Lebensräume, die an die Stelle der aktiven Hochmoore getreten sind. Auf ihnen dominiert das Pfeifengras, es hat die Hochmoorvegetation ersetzt. Das Pfeifengras prägt mit seinen Farben das Bild des Hohen Venns: Im Frühjahr beherrscht sein fahles Gelb die Landschaft, im Frühsommer erneuert es sich in frischem Grün und im Herbst leuchtet es in rostgetöntem Ocker. Die Moorheiden haben sich jedoch nicht nur auf dem Gebiet ehemaliger Hochmoore ausgebreitet, sondern zu großen Anteilen auch auf ehemaligen moorigen Waldgebieten.

Im Hohen Venn verteilen sich die Restbestände an noch aktiven Hochmooren auf drei Flächen von je etwa 30–35 ha. Diese liegen im Wallonischen Venn,

Glockenheide

im Clefaye-Venn und im Misten. Durch die in den letzten 200 Jahren durchgeführten Entwässerungsmaßnahmen in der Umgebung war auch ihre Existenz bedroht. Seit 1994 wird ihr Fortbestand durch Wiedervernässungsmaßnahmen gesichert *(Thema: Biotopmanagement im Hohen Venn, S. 138).*

Um ein aktives Hochmoor zu besichtigen, sollten Sie sich einer geführten Wanderung durch die C-Zone des Wallonischen Venns anschließen, das zu den Südwestgebieten gehört und sich nicht auf der Eifelvereinskarte Nr. 3 befindet.

Moosbeere

Verbreitungsgebiete der Pflanzen

Im Hohen Venn treffen Pflanzen aus unterschiedlichen Verbreitungsgebieten zusammen. Im Verbreitungsgebiet einer Pflanze herrschen Lebensbedingungen, die ihren Lebensansprüchen entsprechen. Niederschläge und Temperaturen spielen dabei eine wichtige Rolle. Eine Reihe von Pflanzenarten sind an den Klimaeinfluss des Atlantischen Ozeans angepasst, sie sind „atlantisch" verbreitet. Gerade noch bis ins Hohe Venn dringt von Westen her das atlantische Klima mit seinen hohen Niederschlagsmengen vor. Es ermöglicht hier das Vorkommen von Narzissen und Moorlilien.

Gleichzeitig ist es an einigen Stellen im Venngebiet kalt genug, dass nordische Pflanzen überleben konnten. Als sich die Eiszeit (oder besser: Kaltzeit, denn eine Vergletscherung gab es in Eifel und Venn nicht) zurückzog, starben die an die Kälte angepassten Pflanzen in unseren Mittelgebirgen aus. Ihr Vorkommen ist heute auf den Norden Europas und die höheren Gebirgslagen beschränkt. Nur auf besonderen Klimainseln wie dem Hohen Venn konnten sich einige dieser Arten auch im Mittelgebirge halten.

Oben: Moorlilie

Unten: Siebenstern

Eine dieser nordischen Pflanzen ist der Siebenstern. Die Krone des unauffälligen Pflänzchens besitzt sieben Blütenblätter – eine recht ungewöhnliche Anzahl im Pflanzenreich. Als stilisiertes Emblem finden Sie den Siebenstern auf den belgischen Schildern zur Kennzeichnung eines Naturschutzgebiets. Neben atlantisch und nordisch verbreiteten Pflanzen beherbergt das Hohe Venn auch Gebirgsarten. Bedingt durch die Höhenlage von nahezu 700 m finden Sie würzig duftenden Alpenfenchel, auch Bärwurz genannt, mit fiedrig-filigranen Blättern, die leuchtend gelbe Arnika oder die Bergplatterbse.

Das gemeinsame Vorkommen von Pflanzen aus solch gegensätzlichen Verbreitungsgebieten macht das Hohe Venn zu einem europaweit einmaligen botanischen Standort.

Spuren der Eiszeit

Unübersehbare Spuren hat die letzte Kaltzeit im Venn hinterlassen, die sich vor etwa 10 000 Jahren ihrem Ende näherte. Neben den großen Quarzitblöcken, die sich durch Frosthub an der Bodenoberfläche absetzten, sind die auffälligsten Erscheinungen aus dieser Zeit sicherlich die Lithalsen.

Sie sind kreisrunde oder länglichen Vertiefungen von 10–100 m Durchmesser und bis zu 8 m Tiefe, begrenzt durch einen Erdwall. Darin befindet sich meist ein kleiner Weiher oder ein Hochmoor – einige von ihnen wassergefüllt und aktiv wachsend, andere wurden entwässert und zeigen Spuren des Torfabbaus. Aus der Vogelperspektive bilden sie auffällige Strukturen, im Gelände selbst sind sie oft nur an ihrer Vegetation zu erkennen: Um einen Hochmoorbereich zieht sich kreisförmig ein Ring aus Sträuchern. Besonders gut ausgeprägt sind die Lithalsen im Brackvenn.

Lange Zeit wurde über die Entstehung dieser vermoorten „Weiher" im Hohen Venn gerätselt. Sie entstanden aus großen Eislinsen von mehreren Metern Durchmesser und Dicke, die sich am Ende der letzten Kaltzeit im Boden bildeten, bedingt durch komplexe Ursachen.

Die Lithalsen des Hohen Venns haben Spuren in der Erdoberfläche erzeugt, die das Ende der letzten Kaltzeit dokumentieren. Sie sind hinsichtlich ihrer Anzahl und Formen einzigartig in Mitteleuropa und finden sich in ähnlicher Ausprägung erst wieder im entfernten Sibirien.

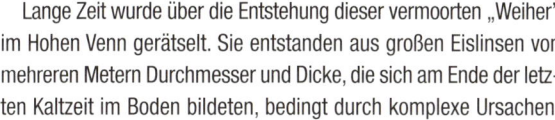

Durch Frost gehoben: Quarzitblock

Lithalsen-Hochmoor

*Wächter im
Venngebiet*

Besucherlenkung im Hohen Venn

Die Beliebtheit des Hohen Venns bei seinen Besuchern und die hohe Schutzwürdigkeit bilden ein Spannungsfeld, das die belgischen Naturschutzbehörden zu Beginn der 1990er Jahre dazu veranlasste, mit einem Paket von Besucherlenkungsmaßnahmen die Freizeitaktivitäten der Besucher in naturverträgliche Bahnen zu leiten.

Neben der Neuordnung des Wegenetzes wurde die Einteilung der Schutzgebiete in B-, C- und D-Zonen eingeführt. In B-Zonen dürfen Sie die Gebiete betreten, aber die Wege nicht verlassen, keine Abfälle zurücklassen und Tiere oder Pflanzen nicht stören. Außerdem ist die Mitnahme von Hunden, auch angeleint, nicht erlaubt und Sie dürfen auf Wegen innerhalb der Schutzgebiete nicht Fahrrad fahren. Für die Begehung von C-Zonen benötigen Sie einen von der Regierung der Wallonischen Region anerkannten Führer. Der Zutritt zu D-Zonen ist nur der Wissenschaft und der Forstverwaltung vorbehalten. Als weitere Maßnahme wurden der Skilanglaufsport in festen Loipen gebündelt. Um die Landschaft, vor allem aber ihre Besucher vor Feuer zu schützen, ist es verboten, die Schutzgebiete – unabhängig von ihrer Zonierung – bei Brandgefahr zu betreten. Dreieckige rote Fahnen an den Zugangswegen signalisieren, dass Sie Ihren Vennspaziergang auf einen anderen Zeitpunkt verschieben müssen.

*Gesperrter Weg:
Wanderer sollten
auf diese Zeichen
achten.*

Das Steinley-Venn

Das Steinley-Venn gehört zusammen mit den Bereichen Kutenhart, Allgemeines Venn, Misten und Hoscheit zu den so genannten Nordöstlichen Venngebieten, die insgesamt eine zusammenhängende Fläche von etwa 1400 ha bilden.

Größere aktive Hochmoorbereiche konnten im Steinley-Venn nicht entstehen. Ursprünglich war dieses Gebiet ein mooriger Wald, dessen Torfheiden durch Abholzung freigestellt und für einige Jahrhunderte durch Beweidung offen gehalten wurden. Die Wiederbewaldung ist unübersehbar.

Zahlreiche Rinnsale sammeln die Niederschläge dieses Venngebietes und vereinigen sich schließlich zum Bach der Weser, der nach Nordosten abfließt und vor Eupen zur Wesertalsperre aufgestaut wird.

Das Steinley-Venn wird von zwei bedeutenden historischen Verbindungswegen durchzogen: Auf der Kupferstraße wurden zwischen dem 15. und 18. Jahrhundert die Produkte der Kupferindustrie aus dem Aachener Raum zu den Städten an der Maas, nach Luxemburg und Frankreich transportiert. Der von Süden nach Norden verlaufende Pilgerweg führte Pilgergruppen nach Trier und Aachen, wobei der nicht weitgelegene und inzwischen verschwundene Reinartzhof zwischen dem 12. und 15. Jahrhundert als Hospiz diente.

Schneidiges Wollgras in Blüte

Winternebel im Steinley-Venn

Biotopmanagement im Hohen Venn

Biotopmanagement erhält und optimiert die Lebensräume der seltenen Tier- und Pflanzengemeinschaften in Schutzgebieten. Eine der Zielsetzungen im Hohen Venn ist der Erhalt offener Torfheiden, die über Jahrhunderte hinweg durch Bewirtschaftung entstanden sind und z. B. den Lebensraum der Birkhühner darstellen.

Durch die nicht mehr stattfindende Bewirtschaftung können sich Sträucher und Bäume ansamen, so dass die Torfheiden verbuschen und sich wieder bewalden. Entbuschungs- und Abholzungsaktionen halten die Torfheiden offen.

Seenähnlich: Entwässerungsgraben zur Schneeschmelze

Ende der 1990er Jahre wurde als weitere Maßnahme ein Beweidungsprojekt mit einer 200-köpfigen Schafherde gestartet, das die Rückkehr der pflanzlichen Artenvielfalt einleiten soll. Das Pfeifengras, das die vorherrschende Pflanzenart der stillgelegten Torfheiden werden konnte, hat andere Pflanzenarten wie Bärwurz und

Beweidungsprojekt für Artenvielfalt auf den Moorheiden

Arnika, Teufelsabbiß und Blutwurz weitgehend verdrängt. Diese Verarmung der Artenzahl kann durch Beweidung rückgängig gemacht werden. Durch das Abfressen unterliegt das Pfeifengras einem größeren Konkurrenzdruck in der Pflanzengemeinschaft und muss schließlich anderen Gräsern und Kräutern Platz machen.

Weitere zentrale Zielsetzungen des Biotopmanagements im Hohen Venn sind der Erhalt und die Vergrößerung der aktiven Hochmoore, die sich eigenständig verkleinern. Ursache ist die historische Entwässerung der Hochmoore, die vor allem unter preußischer Verwaltung im 19. Jahrhundert systematisch betrieben worden war.

Große erodierte Gräben leiteten aus der Umgebung der aktiven Hochmoore so viel Wasser ab, dass der Wassersog bis in die aktiven Hochmoore hinein wirkte und ihnen einen Teil ihres Wassers entzog. An ihren Rändern wich die seltene und ökologisch wertvolle Hochmoorvegetation mit dem sinkenden Wasserspiegel mehr und mehr dem Pfeifengras.

Diese Entwicklung zu stoppen und umzukehren war das Ziel der Wiedervernässungsmaßnahmen, die Mitte der 1990er Jahre eingeleitet wurden. Die Entwässerungsgräben werden seitdem systematisch verbarrikadiert. In den pfeifengrasbewachsenen Randbereichen der aktiven Hochmoore werden Flächen vom Pfeifengras befreit und mit Torfmoosen bepflanzt, die den abgesunkenen Wasserspiegel in den Hochmooren stabilisieren und erhöhen sollen.

Hochmoor-renaturierung

Wo hunderttausend Glocken den Frühling einläuten

Wanderung durch das Perlenbach- und Fuhrtsbachtal

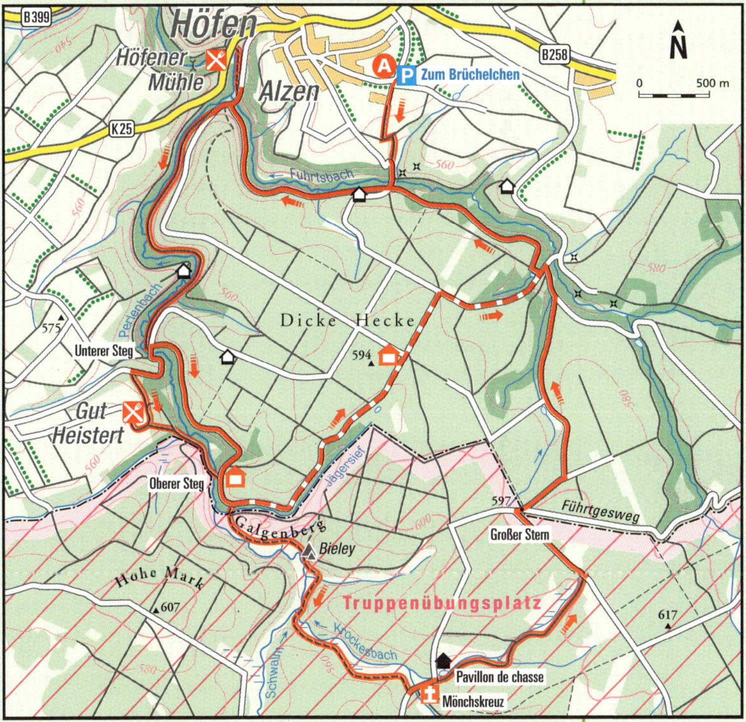

Schwierigkeitsgrad: mittel wegen der Länge

Anfahrt mit dem Pkw:

• aus Richtung Aachen B258 bis Höfen

• aus Richtung Köln/Düren B399 bis Monschau/Imgenboich, dort auf die B258 bis Höfen

• aus Richtung Euskirchen B266 bis Kall – Schleiden B258 bis Höfen

Gegenüber: Narzissenwiese im Perlenbachtal

Parkmöglichkeit: auf der Kreuzung der B258 mit den K25/K26 (Rohrener Kreuzung) in Richtung Malmedy einbiegen, nach 200 m nach links auf die Wirtschaftsstraße Zum Brüchelchen einbiegen, die Alzerstraße überqueren, Parkplatz nach ca. 500 m.

Ausgangspunkt: Höfen, Ortsteil Alzen, Parkplatz Zum Brüchelchen

Wegmarkierungen: teilweise ohne, teilweise Wegmarkierungen des Eifelvereins

Tourenlänge: volle Strecke 16 km; Abkürzung 12 km

Wanderzeit: volle Strecke 4,5–5 Stunden; Abkürzung 3–3,5 Stunden

Einkehrmöglichkeiten: unterwegs als Abstecher zur Perlenbacher Mühle (600 m) und zum Gut Heistert (1,5 km), weitere in Höfen und Monschau

Besondere Hinweise:

• Ein Teil der vollen Strecke führt durch die reizvollen Bachtäler auf dem belgischen Truppenübungsplatz Elsenborn. WARNUNG: An den Übergängen stehen Hinweistafeln mit den täglichen Uhrzeiten, während derer die Wege wegen Schussübungen nicht betretbar sind. Ggf. können Sie in einem solchen Fall die volle Tour nicht wählen, sondern müssen die Abkürzung nehmen.

• Während der Narzissenzeit im April sind die Parkplätze um diese Naturschutzgebiete vor allem an den Wochenenden knapp. Daher empfehlen wir für diesen Monat, hier an Werktagen spazieren zu gehen.

Empfohlene Jahreszeiten: Frühling–Herbst, besonders im April zur Blütezeit der Narzissen und im Juni zur Blütezeit der Bärwurz.

Schwarze Teufelskralle mit Weißling

Streckenverlauf

◆ Auf dem Parkplatz orientieren Sie sich nach Süden und folgen der heckengesäumten Wirtschaftsstraße für ca. 250 m bergab, die sich kurz hinter den letzten Häusern in einen unbefestigten Weg verwandelt.

◆ Auf den quer verlaufenden Wirtschaftsweg biegen Sie nach links ein, um ihn nach 10 m nach rechts wieder zu verlassen, entlang eines Rinnsals 150 m weiter talwärts.

◆ Der Weg mündet in eine Wirtschaftsstraße, auf diese biegen Sie nach links ein und folgen ihr für 300 m talwärts in das Naturschutzgebiet *(Thema: Das Naturschutzgebiet Perlenbach-/Fuhrtsbachtal, S. 148).* 50 m hinter der Fuhrtsbachbrücke biegen Sie an der Wegkreuzung nach rechts ab in Richtung Höfener (Perlenbacher) Mühle *(Thema: Die Höfener Mühle, S. 49, Tour 3).* Nun folgen Sie für ca. 2 km dem Lauf des Fuhrtsbaches.

Bärwurzwiese im Perlenbachtal

◆ Kurz vor dem Zusammenfluss von Fuhrtsbach und Perlenbach *(Thema: Die Flussperlmuschel, S. 151)* erreichen Sie in dunklem Fichtenforst einen Wegestern. Falls Sie über einen Abstecher (Hin- und Rückweg gesamt 600 m) zur Höfener Mühle einkehren möchten, überqueren Sie nach rechts die Fuhrtsbachbrücke. Direkt hinter der Brücke nach links auf einen kleinen Fußpfad abbiegen, der auf die K25 mündet, an der das Gasthaus liegt. Andernfalls folgen Sie am Wegestern dem hangparallelen Wirtschaftsweg nach halblinks.

Heilziest

◆ An der Gabelung nach 200 m bleiben Sie auf dem hangparallelen rechten Zweig, der dem Verlauf des Perlenbachs folgt. Nach kurzer Zeit fällt der Perlenbach über eine kleine Stufe, an der der Mühlengraben zur Höfener Mühle abzweigt. Etwa 800 m weiter öffnet sich der Wald und gibt den Blick über die Talauen des Perlenbachs frei. Nach 1,5 km gelangen Sie an den Unteren Steg, eine kreuzende Wirtschaftsstraße über den Perlenbach.

Abstecher:

◆ Sie können hier einen Abstecher über den Bach zur Gaststätte „Gut Heistert" machen (Hinweg 1 km steil bergauf). Falls Sie sich dazu entschließen, sollten Sie auf Ihrem Rückweg zum Perlenbach von der Gaststätte den Oberen Steg ansteuern (Rückweg 500 m steil bergab), eine weitere

Oben: Mädesüß

Brücke, die von hier aus etwa 750 m weiter bachaufwärts liegt.

Unten:
Teufelsabbiss

Hauptstrecke:

◆ Andernfalls setzen Sie den Weg weiter am Bach entlang fort und passieren die Kreuzung am Oberen Steg. Nach 250 m erreichen Sie den Jägersief, einen Seitenbach, an dem der Wirtschaftsweg eine deutliche Kurve nach links macht, vor welcher nach rechts ein Fußpfad abzweigt. Hier müssen Sie sich entscheiden, ob Sie die Abkürzung nehmen oder die volle Strecke wandern wollen.

Abkürzung:

◆ Dem Wirtschaftsweg über 1,75 km bergan folgen. Rechtsseitig begleitet Sie zunächst der Jägersief, der über seine ganze Länge die Grenze zu Belgien bildet. Einmündende Wege und Schneisen lassen Sie unbeachtet. Im dunklen Fichtenforst „Dicke Hecke" treffen Sie auf einen Wegestern mit Hütte, von dort geht es weitere 500 m geradeaus weiter, leicht bergab.

◆ An der nächsten Wegekreuzung „Deck Heck" nach rechts abbiegen, über 1,25 km bergab an den bachbegleitenden Wiesen eines Fuhrtsbachzuflusses entlang. An der „Daverkaul" verwandelt sich der Weg in eine befestigte Straße.

◆ Zwischen einem Feuerwehrhaus und einem Löschteich nach links auf den Weg ins Fuhrtsbachtal einbiegen. Hier vereinigt sich die Abkürzung wieder mit der vollen Strecke. Lesen Sie bitte weiter bei „Gemeinsamer Rückweg".

Volle Strecke:

◆ Sie biegen nach rechts auf den Fußpfad ab und überqueren den Jägersief. An diesem Bach überschreiten Sie zum einen die Staatsgrenze nach Belgien, zum anderen befinden Sie sich auf dem Gelände des belgischen Truppenübungsplatzes Elsenborn. Weiterhin ändert der Perlenbach hier im Grenzbereich seinen Namen und heißt nun Schwalm. Am Jägersief stehen Hinweisschilder, ob das Betreten des Truppenübungsplatzes zu dieser Uhrzeit erlaubt ist. Bitte informieren Sie sich hier und kehren Sie ggf. um.

Falls Sie weitergehen, dem Fußpfad über etwa 1 km durch das idyllische Schwalmtal folgen. Linksseitig lässt sich am Fuß des Galgenberges, wenige Meter vom Pfad entfernt, ein ehemaliger Flüchsgraben erkennen *(Thema: Wässerwiesen und Flüchsgräben, S. 153).* Sie passieren die Bieley, einen Schieferfelsen. Hinter der Bieley überschreiten Sie ein namenloses Rinnsal, um nach weiteren 300 m den Krockesbach zu überqueren.

Oben: Braunfleckiger Perlmutterfalter

Unten: Dickkopffalter auf Schwarzer Flockenblume

◆ Etwa 30 m dahinter auf den querenden Wirtschaftsweg nach links einbiegen. Sie verlassen das Schwalmtal und wandern nun für gut 1 km an den Talauen des Krockesbachs entlang, die von Fichtendickichten gerahmt sind. Auch hier können Sie am gegenüberliegenden Rand der Talaue einen historischen Flüchsgraben erkennen.

◆ Auf die kreuzende Wirtschaftsstraße nach links einbiegen, den einmündenden Weg rechts liegen lassen. Sie verlassen das Krockesbachtal und gelangen nach 200 m in das Seitental eines Bächleins, das zu einem Löschteich aufgestaut wird.

◆ Vor dem Löschteich und der Jagdhütte (Pavillon de chasse) biegen Sie nach rechts auf einen Wirtschaftsweg ab, dem Sie über ca. 400 m folgen.

◆ An einer Wirtschaftswegekreuzung biegen Sie nach links ab und überqueren den Seitenbach. Sie verlassen dessen Tal und durch-

Typisches Ge-
büsch mooriger
Feuchtwiesen:
Öhrchenweide

wandern 100 m Wald, um anschließend dem Tal eines weiteren namenlosen Rinnsals 900 m bergan bis zu einer Waldwirtschaftsstraße zu folgen. Einmündende Wege von links und rechts lassen Sie dabei unbeachtet.

◆ Auf die Wirtschaftsstraße biegen Sie nach links ein, nach 600 m treffen Sie auf den Wegestern „Großer Stern". Sie befinden sich hier wieder an der Grenze zu Deutschland und verlassen den Truppenübungsplatz Elsenborn.

◆ In die zweite Wirtschaftsstraße von rechts (halb rechts) abbiegen. Nach 750 m geschlossenem Wald begleitet der Weg wieder die Talwiesen eines namenlosen Baches, der dem Fuhrtsbach zufließt. Einmündende Schneisen und Wege lassen Sie unbeachtet, bis der Weg nach weiteren 1,25 km auf eine Wirtschaftsstraße mündet.

◆ Auf diese nach links einbiegen.

◆ Nach 50 m zwischen einem Feuerwehrhaus und einem Löschteich nach rechts auf den Weg zum Fuhrtsbachtal einbiegen.

Gemeinsamer Rückweg:

◆ Den Seitenbach überqueren und nach 150 m an einem Abzweig nach rechts dem hangparallelen Weg folgen, der über 1,5 km am Rande des Fuhrtsbachtals entlangführt. Sie passieren dabei zwei weitere Bunkeranlagen auf der gegenüberliegenden Seite, bis Sie auf die Wegekreuzung an dem bereits bekannten Bunker kommen.

◆ Den Fuhrtsbach nach rechts überqueren und dem bekannten Weg zurück zum Parkplatz folgen.

Blick von der
Bieley über das
Schwalmtal

Die Gelbe Narzisse

Die Gelbe Narzisse *(Narcissus pseudonarcissus)* gehört zur Familie der Amaryllisgewächse. Die große, zwei-
geteilte Blütenkrone, die aus einer inneren Röhre und
einem äußeren Kranz mit sechs gleichartigen Blütenblät-
tern besteht, macht die Narzisse zu einer attraktiven Blu-
me, die in Gärten auch als Zierpflanze gehalten wird. Zu
Hunderttausenden läuten sie als natürlich vorkommende
Wildpflanzen in den grenznahen Schutzgebieten der
Nordeifel zwischen Mitte April und Anfang Mai den Frühling ein.

Eine Besonderheit der Narzisse ist ihre Zwiebel. Sie
dient als Speicherorgan, aus dem die Pflanze im Frühling
die Kraft schöpft, um in kürzester Zeit Blätter und Blüten
auszutreiben. Sobald die Blätter der Sonne ausgesetzt sind, können

Gelbe Narzisse

sie Photosynthese betreiben und die Zwiebel wieder mit Vorräten
auffüllen.

Narzissen verbreiten sich langsam. Sie vermehren sich einer-
seits über die Teilung ihrer Zwiebeln, andererseits über die Samen
aus ihren Blüten. Die Zwiebeln verbleiben unmittelbar am Ort, während die Frucht in Reichweite einer Stängellänge niedersinkt und
ihre Samen freisetzt. Die Samen tragen ein eiweißhaltiges Anhäng-
sel, das von Ameisen gerne gefressen wird. Sie verschleppen die
Narzissensamen, haben jedoch einen relativ geringen Aktionsradius, so dass die Samen im Jahr höchstens 20–30 cm voran-
kommen. Die Wiederbesiedelung mit Narzissen einer ehemals von
Fichten bestandenen Wiese kann viele Jahre dauern.

Mit ihrem Vorkommen auf den Bärwurzwiesen der Eifel stößt
die Gelbe Narzisse an die östliche Grenze ihres natürlichen Ver-
breitungsgebietes. Sie ist an den Klimaeinfluss des Atlantischen
Ozeans angepasst *(Thema: Verbreitungsgebiete der Pflanzen,
S. 134, Tour 9)*, der mit 1100 mm Niederschlag im Jahr ihr Vorkommen hier ermöglicht.

Mit ihrem Wildvorkommen ausschließlich am westlichen Rand
von Deutschland ist die Gelbe Narzisse in diesem Land eine seltene Pflanze und daher streng geschützt. Innerhalb wie außerhalb
von Naturschutzgebieten darf sie nicht gepflückt oder ausgegraben
werden.

Das Naturschutzgebiet Perlenbach-/Fuhrtsbachtal

Blauschillernder Feuerfalter auf Bärwurz

Das Naturschutzgebiet von Perlenbach- und Fuhrtsbachtal umschließt die Oberläufe der beiden Bäche mit ihren Talwiesen und eine Reihe von Seitentälern. Es ist das Kerngebiet des gleichnamigen, 331 ha großen FFH-Gebietes (*Themenkreis: Naturschutz im Monschauer Land, S. 104*). Auch auf belgischem Staatsgebiet setzen sich die Naturschutzgebiete fort, was grenzübergreifenden Naturschutzprojekten zu verdanken ist, die von der Europäischen Union gefördert wurden.

In den Bächen lebt die Wasseramsel, ein Singvogel, der sich seine Nahrung tauchend aus dem strömenden Wasser holt. Geschützte Fischarten wie Bachschmerlen und Elritzen tummeln sich hier, auch Bachneunaugen kommen vor.

Frühjahrshochwasser überschwemmen häufig noch im März die Auen der Bachtäler mit ihren rundlichen Buschgruppen aus Öhrchenweiden. Sie transportieren mit ihrer Schlammfracht Mineralien heran, die als Nährstoffe für die Talauen dienen.

Eine Besonderheit dieses Gebietes sind die mageren Gebirgswiesen mit der würzig duftenden Bärwurz, der Berg-Platterbse und

Bachröhricht mit Rohrglanzgras

der leuchtend gelben Arnika. Purpurfarbener Heilziest und Schwarze Flockenblume bereichern das Artenspektrum. An trockenen Stellen säumen Sonnenröschen, Flügelginster und Thymian die Wiesen. In den Niederungen gehen sie in Feuchtwiesen mit Teufelsabbiss und Schlangenwurz über. Auf diesen Wiesen entfaltet sich im April das Blütenmeer der Narzissen *(Thema: Die Gelbe Narzisse, S. 147)*.

Bachröhrichte mit mannshohem Rohrglanzgras säumen die Bäche, wogende Mädesüßfluren bedecken die Talauen. Wie fliegende Edelsteine wirken die tiefblau gefärbten Männchen der Prachtlibellen, wenn sie um ihre Reviere und die braunen Weibchen am Bachufer kämpfen. Perlmutter- und Feuerfalter sind nicht selten.

Zahllose Insekten leben auf den artenreichen Wiesen. Sie bilden ein wichtiges Glied im Nahrungsnetz der Landschaft. Viele von ihnen gehören zu den bedrohten Tierarten, wie der Blauschillernde Feuerfalter oder die Zweigestreifte Quelljungfer.

Der Artenreichtum dieser Talwiesen ist in ihrer jahrhundertealten Tradition als Mähwiesen begründet. Hier hat es nie intensive Landwirtschaft und Überdüngung gegeben. Die Erhaltung dieser wertvollen Kulturbiotope mit ihrer Artenvielfalt erfordert heute die Fortführung der traditionellen Bewirtschaftungsformen.

Gebirgspflanze: Berg-Platterbse

Pflege der geschützten Mähwiesen im Perlenbachtal

Oben und Mitte: Prachtlibelle und Schlangenwurz

Allerdings wurden auf den meisten dieser Flächen seit den 1950er Jahren Fichten angepflanzt. Mit ihrem dichten Nadelkleid nahmen sie den Narzissen das Licht weg – Narzissen können nur lichte Laubwälder ertragen, die ihnen eine laubfreie Periode im Frühling mit viel Sonne bieten. Die Fichtenforste werden durch die seit einigen Jahren angesetzten Renaturierungsmaßnahmen wieder abgeholzt. Dadurch können bestehende Reste von natürlichen Bruch- und Auenwäldern sich wieder ausdehnen.

In Rahmen grenzübergreifender Naturschutzprojekte werden die geschützten Wiesen nun auf deutscher und auf belgischer Seite durch regelmäßiges Mähen von Verbuschung freigehalten und nicht gedüngt, so dass ihre Artenvielfalt erhalten bleibt.

Die Maßnahmen am Bach schließen unter anderem die Bepflanzung des Bachufers mit Erlen und die Wiedervernässung trockengelegter Wiesen ein. Langfristig ist auch die Umwandlung der Fichtenforste auf den angrenzenden Berghängen in naturnahe Laub- und Mischwälder vorgesehen.

Geschützte Fischart: die Elritze

Die Flussperlmuschel

„Perlenbach" – der Name dieses Baches klingt nach reichen Schätzen. Zu Recht: Bis vor 200 Jahren bedeckten die großen, kräftigen Schalen der Flussperlmuschel *(Margaritifera margaritifera)* in ausgedehnten Pflastern das Bett dieses Baches. Das Weichtier mit der dicken Schale ist in der Lage, störende Partikel, die in das Innere der Schale eingedrungen sind, über die Absonderung von Perlmutter zu isolieren und auf diese Weise Perlen zu bilden. Doch nur wenige unter Hunderten von Perlmuscheln enthalten eine Perle.

Das Vorkommen der Flussperlmuscheln in diesem Bach ist nachweislich seit dem 14. Jahrhundert bekannt, vielleicht auch schon früher. Seit 1668 wurde unter Obhut des Herzogs von Jülich Perlfischerei betrieben und ab 1677 wurden die Bestände durch die strengen Regeln des so genannten Perlregals geschützt. Ausschließlich Perlfischer bewachten und ernteten die Perlen, Perlräuberei wurde mit dem Tode bestraft. Mit dem Einmarsch der Franzosen 1794 erlosch das Perlregal, und ein unsachgemäßer Raubbau an den Perlmuscheln begann. Dennoch konnten die Tiere die Verluste durch Vermehrung ausgleichen. Erst die tiefgreifenden Veränderungen in unserem Jahrhundert am Bachbett, am Ufer und im Umland beeinträchtigten die Vermehrungsmöglichkeiten der Muschel so nachhaltig, dass sie hier als ausgestorben gelten kann. Die Flussperlmuschel ist ein anspruchsvolles Lebewesen.

Sie braucht unbelastetes, kaltes, sauerstoffhaltiges, kalk- und trübungsfreies Wasser. Außerdem benötigt sie einen anderen Mit-

Typisch für die Schale der Flussperlmuschel: der korrodierte Wirbel

Wirtstier der Flussperlmuschel: die Bachforelle

bewohner im Gebirgsbach als „Geburtshelfer" für ihre Vermehrung: die Bachforelle. Aus den befruchteten Eiern entwickeln sich in besonderen Bruttaschen der Muschelweibchen mikroskopisch kleine Larven. Sie werden schließlich von der Mutter in das Wasser entlassen – mehrere 100 000 und bis zu 2 Mio. pro Tier.

Von dieser hohen Anzahl überleben nur wenige, denn nun müssen sie innerhalb von 4–6 Stunden eine Bachforelle finden, die sie mit ihrem Atemwasser aufnimmt und durch ihre Kiemen spült. Ein schwerer Job heutzutage, denn fremde Fischarten wie die nordamerikanische Regenbogenforelle, die in unsere Gewässer eingesetzt wurden, haben vielerorts die heimische Bachforelle verdrängt und Staustufen oder Talsperren bilden unüberwindbare Hindernisse, die die natürlichen Wanderungsbewegungen der Fische unterbinden.

Falls eine Muschellarve eine Bachforelle findet, heftet sie sich in den Kiemen fest und lebt dort als winziger Parasit.

Nach 6–8 Monaten lösen sich die Muschellarven aus den Kiemen der Bachforelle. Die Larven sind nun auf 0,2 mm Länge herangewachsen und benötigen einen sandigen Untergrund, in dessen Zwischenräumen sie sich aufhalten können, ohne weggespült zu werden. Solche Sandbänke sind rar im Perlenbach. Sie müssen außerdem stabil, unbeansprucht und unbelastet sein, damit der Muschelwinzling sich in den darauffolgenden fünf Jahren zu einem Jungtier von 2 cm Länge entwickeln kann. Erst mit 15–20 Jahren werden die Muscheln geschlechtsreif und können sich vermehren. Sie werden bis zu 80 Jahre alt.

Die Flussperlmuschel war mit mehreren 100 Exemplaren bis in die 1980er Jahre im Perlenbach vertreten. Ein Artenhilfeprogramm in den 1990er Jahren schlug fehl. Untersuchungen haben ans Licht gebracht, dass die Veränderungen durch den Menschen in ihrer Summe Mangelbedingungen geschaffen haben, unter denen Jungtiere nicht mehr heranwachsen können.

Ein grenzübergreifendes europäisches Projekt der Staaten an den linksrheinischen Gewässersystemen ist in der Planung. Es stellt auf der Grundlage von neuesten Forschungsergebnissen die Wiederansiedelung der Flussperlmuschel auch im Perlenbachtal in Aussicht.

Wässerwiesen und Flüchsgräben

Ein bemerkenswertes Dokument historischer Wässerwiesen sind die Flüchsgräben im Naturschutzgebiet. Sie sind hangparallele Gräben, über die Wasser aus den Bächen in die Wiesen geleitet wurde. Vor allem auf der belgischen Seite sind sie noch gut erhalten und deutlich erkennbar. Achten Sie auf Flüchsgräben im Krockesbachtal sowie im Schwalmtal kurz hinter der Grenze, wo ein Flüchsgraben wenige Meter links neben dem Pfad verläuft.

Die Wiesen in diesen Naturschutzgebieten wurden in der Vergangenheit gewässert, nicht etwa, weil sie zu trocken waren, sondern um mit dem aus der Schneeschmelze stammenden Bachwasser die Wiesen zu düngen. In diesem Wasser finden sich aufgeschwemmte Bodenmineralien oder auch organisches Getreibsel, das dem mageren Boden ein paar Nährstoffe für die Wiesenpflanzen zuführte. Die Düngewirkung war gering, verglichen mit dem, was in heutigen Zeiten auf die Felder gelangt, dennoch brachte sie den Landwirten mehr Ertrag als keine Düngung. Gleichzeitig hat diese magere und naturverträgliche

Oben: Flüchsgraben am Waldrand

Unten: Wässerwiese im Fuhrtsbachtal

Düngung die Artenvielfalt der Wiesen nicht beeinträchtigt.

Außerdem half das Wasser im Frühjahr, den Auftauprozess des gefrorenen Bodens zu beschleunigen. Es wurde von den Bauern gelegentlich mit Besen aus den Gräben in die Wiesen hinein gebürstet. Die Gräben wurden mit Brettern verschlossen oder umgeleitet, abhängig davon, welches Feld gerade gewässert wurde. Es existierten festgelegte Rechte über die Dauer und das Ausmaß der Wässerung. Manchmal gab es auch Streit zwischen den Nachbarn, wie historische Gerichtsakten in den Archiven der Stadt Eupen belegen.

Gebirgsbäche, Felsen und Talauen

Wanderung durch das Rur- und Perlenbachtal

[Map showing the hiking tour area with labeled locations including Fischerhütte, N.S.G. Ehrensteinsley, Dreistegen, MONSCHAU, Burgau, Teufelsley, Engelsley, Perlenau, Höfen, Gut Reichenstein, Kreuz im Venn, Mariengrotte, Ruitzhof, Küchelscheid, „Eifeldom", Kalterherberg, with roads L106, B258, B399, K25 and various elevation points]

Schwierigkeitsgrad: mittel bei Nutzung der Abkürzung wegen Auf- und Abstieg an der Ehrensteinsley (für Kinder ab 10 Jahren geeignet); volle Strecke anspruchsvoll wegen ihrer Gesamtlänge sowie eines steil absteigenden Fußpfades ins Perlenbachtal

Anfahrt mit dem Pkw:

• aus Richtung Aachen B258 bis Monschau, hier nicht die erste Ab-

Gegenüber: die Rur – Gebirgsbach aus den Mooren des Venns

Gebirgsbach Rur

fahrt nach Monschau Zentrum, sondern die zweite am Ortsende auf der Sohle des Rurtals nehmen (St.-Vither-Straße)

• aus Richtung Köln/Düren B399 bis Imgenbroich, auf die B258 bis Monschau, hier nicht die erste Abfahrt nach Monschau Zentrum, sondern die zweite am Ortsende auf der Sohle des Rurtals nehmen (St.-Vither-Straße)

• aus Richtung Bonn/Euskirchen B266 bis Simmerath, dort auf die B399 (Richtung Monschau) bis Imgenbroich, dort auf die B258 bis Monschau, hier nicht die erste Abfahrt nach Monschau Zentrum, sondern die zweite am Ortsende auf der Sohle des Rurtals nehmen (St.-Vither-Straße)

Parkmöglichkeiten: Monschau, Parkplätze in der St.-Vither-Straße oder Parkplatz Burgau am Ende der St.-Vither-Straße. Auf dem Weg dorthin passieren Sie linksseitig das Felsquellbrauerei-Museum, an der die Abkürzung endet.

Ausgangspunkt: Monschau, Ortsteil Burgau

Wegmarkierungen: teilweise ohne, teilweise Wegmarkierungen des Eifelvereins

Tourenlänge: volle Strecke 18 km; Abkürzung 8 km

Wanderzeit: volle Strecke 5–6 Stunden; Abkürzung 2,5–3 Stunden

Einkehrmöglichkeiten: Monschau, Kalterherberg, Perlenau

Besondere Hinweise: Die volle Strecke folgt über 500 m einem steilen Fußpfad, der bei länger dauernden Regenzeiten rutschig sein kann. Die volle Strecke sollten Sie daher nur bei gutem Wetter gehen.

Empfohlene Jahreszeit: Frühling–Herbst, insbesondere im Mai und Juni

Streckenverlauf

◆ Vom Parkplatz aus orientieren Sie sich stadtauswärts und wandern zurück zur B258.

◆ Hier der B258 nach links durch das Rurtal über 500 m folgen. An der historischen Fabrikruine, eine ehemalige Reißwollfabrik des Monschauer Textilfabrikanten F. J. Scheibler *(Thema: Die Tuchfabrikation in Monschau, S. 74, Tour 5)*, überqueren Sie die abknickende Rur bei „Dreistegen".

◆ Hinter der Rurbrücke wechseln Sie die Straßenseite und biegen nach rechts auf einen Wirtschaftsweg in das Naturschutzgebiet Gebirgsbach Rur ein *(Thema: Das Naturschutzgebiet Gebirgsbach Rur, S. 164)*. An diesem wandern Sie über insgesamt 3,5 km entlang. Zunächst aber sehen Sie rechtsseitig ein kleines Wehr, das einen Wassergraben zur Fabrik ableitete.

Historisches Wehr der Scheibler'schen Reißwollfabrik

Einen Fußpfad nach links lassen Sie unbeachtet. Zu Ihrer Rechten fließt der Gebirgsbach Rur, links erheben sich steile, bewaldete Hänge. Gelegentlich zweigen Pfade oder Wege zum Zeltplatz auf der Talaue ab, die Sie unbeachtet lassen, ebenso die erste Brücke (von der „Fischerhütte" kommend) nach ca. 1 km.

◆ Wo die Talsohle breiter wird und mit Fichtenforst bestockt ist, kommt von rechts der Weg zur Rurbrücke. Auf diesen biegen Sie nach rechts ab und überqueren den Bach. Hier müssen Sie sich entscheiden, ob Sie die Abkürzung nehmen oder die volle Strecke.

Abkürzung:

◆ Hinter der Brücke biegen Sie nach rechts auf den WW A5 ein und folgen dem Bachlauf nun über etwa 2,75 km auf der anderen Seite zurück. Drei namenlose Bäche münden unterwegs in die Rur ein. Schließlich passieren Sie die „Fischerhütte", eine Rasthütte mit Steinsockel.

u Etwa 500 m hinter der „Fischerhütte" biegen Sie nach links auf einen unscheinbaren Fußpfad ab („Jahrhundertweg"), der Sie steil, teils über Treppen, nach 500 m zur Ehrensteinsley führt. Die Hütte der Ehrensteinsley lädt zur Rast ein, rechts von ihr können Sie den Felsen betreten und die Fernsicht über das bewaldete Rurtal genießen. Sie setzen Ihren Weg fort, nun weniger steil bergan. Von links

einmündende Pfade lassen Sie unbeachtet. Links passieren Sie bald einige buchengesäumte Wiesen. Kahlschläge in den Fichtenforsten bieten nach rechts einen Blick in das gewundene Rur- und Perlenbachtal mit der Ruine der Scheibler'schen Reißwollfabrik. Vorbei an alten, moosbedeckten Buchen und an Terrassen aus gemauertem Schiefer führt der Pfad schließlich steil bergab auf die B258. Sie überqueren die B258 und setzen den Fußpfad nach Burgau hinein fort. Sie erreichen den Ortsteil über eine Treppe, die hinter den Gebäuden des Felsquellbrauerei-Museums endet. Sie passieren die Gebäude und kommen auf der St.-Vither-Straße aus, an der Ihr Parkplatz liegt.

Volle Strecke:

◆ Sie biegen hinter der Rurbrücke nach links ab. Einen im spitzen Winkel von rechts einmündenden Weg lassen Sie unbeachtet. Ihr Weg führt in einer Kehre vor der Einmündung des Ermessief in die Rur nach rechts, überquert den Ermessief und steigt kurz darauf aus seinem Tal zum Zufahrtsweg von Gut Reichenstein auf *(Thema: Gut Reichenstein, S. 166)*. Am Zufahrtsweg angekommen, bietet sich ein idyllischer Blick nach links auf das Gut und geradeaus auf den vorgelagerten Weiher.

◆ Sie biegen nach rechts auf den Zufahrtsweg ein und folgen ihm 100 m bis zur L106. Auf mächtigen steinernen Bögen überquert ein Viadukt der Vennbahn *(Thema: Die Vennbahn, S. 35, Tour 2)* die Straße.

◆ Sie biegen jedoch nach links auf die L106 ein und folgen der Straße über 150 m.

◆ Hinter der Rechtskehre an der Bushaltestelle „Reichenstein" zweigt nach rechts ein Weg ab zum Kreuz im Venn *(Thema: Das Kreuz im Venn, S. 167)*. Diesem folgen Sie über die Venngleise hinweg und betreten hier belgisches Staatsgebiet.

◆ An der Gabelung halten Sie sich rechts. Nach 10 m an der nächsten Gabelung nach links in den Fichtenwald.

Oben: farblich an das Moorwasser angepasst – Grasfrosch

Unten: geschützte Fischart – Groppe

◆ An der Gabelung am Grenzstein 676 bleiben Sie links.

◆ Nach etwa 100 m gabelt sich der Weg in mehrere Fußpfade, von denen die hangaufwärts verlaufenden alle zum Kreuz im Venn führen. Nehmen Sie den rechten Fußpfad.

◆ Sie kommen am Rastplatz an der Mariengrotte aus. Sie können den Felsen auf dem Pfad rechts herum umrunden und aus der Entfernung einen Blick auf das Kreuz im Venn werfen, das oberhalb der Marienstatue steht. Oder Sie können links herum direkt zu der (etwas versteckten) Treppe zum Kreuz gelangen.

◆ Von der Treppe kommend wenden Sie sich wieder hangaufwärts und gelangen an einen Wirtschaftsweg.

◆ Auf diesen biegen Sie nach links ein und folgen ihm über 250 m bis zu einem Wegestern. Hier treffen sich, wenn Sie die Schneise halblinks mitzählen, sechs Wege.

Pflanzen feuchter Bachschluchten: Silberblatt und Platanen-Hahnen-fuß

◆ Von den fünf Abzweigen wählen Sie den mittleren und gehen (mehr oder weniger) geradeaus. Sie befinden sich nun auf der historischen Kupferstraße *(Thema: Ruitzhof, S. 169)*. Über 750 m folgen Sie dem Waldweg bis zum Waldrand, wo von links im spitzen Winkel ein Weg einmündet, den Sie unbeachtet lassen. Bereits hier haben Sie nach links einen Fernblick auf Kalterherberg mit den beiden Türmen des Eifeldoms.

◆ Nach 200 m mündet der Weg auf eine Wirtschaftsstraße, der Sie nach rechts folgen und die Sie 50 m weiter auf den Wendeplatz von Ruitzhof bringt. Sie folgen der Straße geradeaus durch Ruitzhof zwischen Hochhecken hindurch für etwa 400 m.

◆ An einer Gabelung biegen Sie nach rechts auf eine heckengesäumte Wirtschaftsstraße ab, die Sie durch Wiesen und Weiden hindurch zum Waldrand führt und sich kurz vor dem Waldrand zum Weg wandelt.

◆ Am Waldrand wenden Sie sich nach links und folgen diesem für etwa 150 m, um dann für weitere 150 m ein Wäldchen zu durchwandern und wieder auf Weideland zu gelangen. Hier haben Sie

einen Blick in das Kerbtälchen des Schwarzbachs.

◆ Nach weiteren 150 m gabelt sich der Weg am Waldrand und Sie halten sich rechts, um am Waldrand oberhalb des Schwarzbachs weiterzuwandern. Nach 500 m mündet der Weg auf eine Straßenkreuzung.

◆ Sie überqueren die Rur sowie die Vennbahngleise in Richtung Monschau/Kalterherberg.

◆ An der Kreuzung dahinter halten Sie geradeaus auf die L106 zu, die Bahnhofstraße von Kalterherberg, der Sie knappe 500 m bergan folgen.

◆ In der Haarnadelkurve nach rechts können Sie die Serpentine linksseitig über eine Treppe abschneiden. Anschließend geht es 1 km leicht bergan über die L106 durch Kalterherberg mit seinen Hochhecken, bis Sie zur Kreuzung mit der

Kann ihre Herkunft nicht verleugnen – die Rur führt Moorwasser.

Monschauer Straße gelangen, an der der Eifeldom liegt. Für einen Besuch der Kirche können Sie eine besinnliche Pause einlegen.

◆ Am Eifeldom wenden Sie sich nach links und folgen der Monschauer Straße für etwa 150 m.

◆ Nach der ersten Hochhecke passieren Sie ein Bruchsteinhaus, um dahinter in eine schmale, idyllische, heckengesäumte Wirt-

Moosbewachsene Felsen im Bachbett

schaftsstraße ohne Namen nach rechts einzu-
biegen. Sie passieren über 300 m innerörtliche
Weiden, die von mächtigen, alten Buchenreihen
gerahmt sind. Ihre Straße quert eine Dorfstraße
und setzt sich fort in den Gatterweg, dem Sie für
250 m folgen.

◆ An der nächsten Straßenkreuzung (Ortsende)
geht der Gatterweg geradeaus in eine Feldwirt-
schaftsstraße über, der Sie in die Wiesenfluren
hinein folgen. Nach 500 m bergab überqueren
Sie den Römerbach, um nach weiteren 300 m
nach einer Serpentine bergan auf eine Kreuzung
zu treffen.

◆ An der Kreuzung biegen Sie nach links auf
einen Wirtschaftsweg ein und wandern für etwa
500 m an einer Weißdornhecke mit Buchen-

*Alte Buche bei
Reichenstein*

Durchwachsern entlang. Einen kreuzenden Wirtschaftsweg unterwegs lassen Sie unbeachtet.

◆ An einer Gabelung (mit Bank) halten Sie sich rechts, linksseitig
für 100 m an einem Wäldchen entlang.

◆ An der nächsten Gabelung (mit Bank) links halten, weiter an dem
Wäldchen entlang. Diesem idyllischen Weg, der zunächst links, dann

Buchenfarn

rechts am Wald vorbei führt, für 1 km folgen. Auf ihm haben Sie einen Panoramablick auf die blütenreichen Wiesen und Weiden von Kalterherberg, stets überragt von den Türmen des Eifeldoms. Zum Ende hin können Sie auch die Kirche des Nachbarortes Höfen in der Ferne sehen. Einen Wirtschaftsweg nach rechts lassen Sie unbeachtet. Der Weg begrünt sich in seinem Verlauf zunehmend und endet auf einer Lichtung, an der es nach allen Seiten bergab geht.

◆ Wenden Sie sich hier rechts der zerfallenen Bank zu. Wenige Meter rechts davon befindet sich eine Schneise, rechts von ihr führt ein begrünter Fußpfad in den Fichtenwald hinab zum Perlenbachtal. Auf diesen Fußpfad einbiegen und ihm etwa 500 m steil bergab ins Perlenbachtal folgen. Die obere Hälfte des Weges führt durch dunklen, dichten Fichtenforst, die untere durch lichteren Laubwald.

◆ Der Pfad mündet am Perlenbach auf einen Fußpfad, auf den Sie nach rechts einbiegen. Sie befinden sich nun auf dem WW A4.

◆ Nach 50 m gelangen Sie zu einer Brücke über den Perlenbach, auf die Sie nach links einbiegen.

Oben: Pflanze der Hochstaudenfluren – Gemeiner Wasserdost, mit Admiral

◆ Anschließend biegen Sie nach links ein auf den Wirtschaftsweg entlang der Perlenbachtalsperre *(Thema: Die Perlenbachtalsperre, S. 170)*. Das Plätschern des Baches hört nach kurzer Strecke auf und der Bach weitet sich zum Stausee. Diesem Wirtschaftsweg folgen Sie für etwa 1,5 km, am Überlauf und am Staudamm vorbei. Den hinter der Rechtskehre einmündenden Weg lassen Sie unbeachtet. Nach 50 m mündet der Weg auf eine Straße.

Unten: die Blutwurz, eine Pflanze der Moorheiden

◆ Auf diese biegen Sie nach links ein und folgen ihr für 50 m.

◆ Vor der Wasseraufbereitungsanlage biegen Sie auf den beschrankten Waldweg nach rechts ein (WW A1) und folgen diesem für insgesamt 500 m. Dabei unterqueren Sie zunächst die B258 und haben nach links einen Blick auf die Aufbereitungsanlage der Perlenbachtalsperre. Anschließend begleitet der Weg, über einen Steilhang vom Ufer getrennt, den Perlenbach.

◆ Gegenüber einer Brücke, die zu einem Gasthaus führt, zweigen Sie nach rechts auf den Fußpfad WW 100 ab, der über felsenreiche Windungen steil den Berg hinauf führt und auf einen Wirtschaftsweg (WW A1) mündet.

◆ Auf diesen biegen Sie nach links ein und folgen dem hangparallelen Weg. Der WW A1 zweigt nach 150 m nach links ab, Sie aber bleiben auf dem hangparallelen Weg geradeaus. Dieser verengt sich stellenweise zum Pfad und führt zunächst durch Fichtenhochwald, dann durch junge Laubwalddickichte, um gelegentlich an Felsvorsprüngen einen Fernblick über das bewaldete Perlenbachtal zu gestatten. Nach 750 m erreichen Sie an einer Pfadkreuzung die Engelsley *(Thema: Lebensraum Fels, S. 172)*, an der Sie hangparallel geradeaus weiterwandern. Nach 100 m passieren Sie einen weiteren Felsvorsprung, die Teufelsley. Von hier aus führt der Weg in einem angenehmen und stetigen Gefälle über weitere 750 m nach Monschau-Burgau. Einen Abzweig nach rechts in einer Haarnadelkurve kurz vor der Stadt lassen Sie unbeachtet. Bald darauf haben Sie den Ortsteil Burgau in Sichtweite. Der Weg mündet auf das Parkdeck einer touristischen Glashütte, über dessen Ausfahrt Sie auf eine Straße gelangen.

◆ Dieser folgen Sie für 100 m nach links. Sie mündet auf die St.-Vither-Straße.

Oben: blütenreiches Weideland bei Kalterherberg

Unten: Feuchtwiesen am Römerbach

Hochgiftige Pflanze der Hochstaudenfluren: Wolfseisenhut

Das Naturschutzgebiet Gebirgsbach Rur

Das 91 ha große Naturschutzgebiet und gleichnamige FFH-Gebiet gliedert sich nahtlos ein in das umschließende FFH-Gebiet „Oberes Rurtal", das mit 938 ha den Oberlauf der Rur und seiner Nebenbäche umfasst. Die Rur mit ihren Nebengewässern ist ein landesweit bedeutendes, weitgehend naturnahes Fließgewässersystem, das den Pflanzen und Tieren ein wertvolles Mosaik aus verschiedenen Lebensräumen bietet und daher einen großen Artenreichtum aufweist.

In den Tälern mäandern die unverbauten Bachläufe, in denen sich geschützte Fischarten wie Bachforelle und Groppe tummeln und wo seltene Vogelarten wie Wasseramsel und Eisvogel jagen. Mit ihrem braunen Wasser verrät die Rur ihren Ursprung in den Moorgebieten des Hohen Venns. An diese Wasserfarbe haben sich auch die Grasfrösche angepasst: Sie sind hier ebenfalls braun gefärbt und somit gut getarnt.

In den bachbegleitenden Auenwäldern mit ihren von Erlen gesäumten Bachufern breiten sich Eschen in die Talauen hinein aus, zu ihren Rändern hin gehen sie in Eichen- und Hainbuchenwälder über. Hier bilden Quirlblättrige Weißwurz, Schattenblume und Maiglöckchen blühende Bestände.

Die Wegränder durch die Talauen werden vielfach von Hochstaudenfluren und Feuchtwiesenpflanzen gesäumt, in denen neben häufigen Arten wie dem Gemeinen Wasserdost und der Roten Lichtnelke auch die Bach-Nelkenwurz oder der seltene und hoch-

Erlenaue der Rur

giftige Wolfseisenhut vorkommen. Die Auen sind durchsetzt von blühenden Sümpfen mit leuchtend gelbem
Hahnenfuß und blauem Vergissmeinnicht, darüber liegt
das leise Summen der Fliegen und das Flügelknistern ja-
gender Libellen. Kleine Moorstellen, die sich um Quellbe-
reiche bilden, bereichern die Artenvielfalt mit Torfmoosen,
Rasenschmiele und Sumpfveilchen.

Die steilen Hänge, die dieses Naturschutzgebiet zur
Schlucht formen, bedingen das ausgeglichene, kühle und
feuchte Klima. Sie erschweren den Luftaustausch mit der
Umgebung. Nur wenig Sonne erreicht den Talgrund. Daher können hier viele zartblättrige Pflanzen überleben, die
an ein Leben im Schatten angepasst sind und sich nicht
vor Verdunstung schützen müssen: das Silberblatt, die
Hain-Stermiere, der Platanenblättrige Hahnenfuß oder
das Echte Springkraut. Von den Hängen rieseln Sickerquellen herab,
die kleine Waldtümpel speisen, in denen Sie Frösche, Kaulquappen,
Libellenlarven und Wasserläufer beobachten können. Weiter oben
an den Hängen ragen schroffe Felsen aus den Wäldern. Sie sind
besondere Lebensräume *(Thema: Lebensraum Fels, S. 172)*.

Ursprünglich waren Buchen und Eichen die natürlichen Baumarten
der Hangwälder, mit der Weißen Hainsimse als charakteristischem
Waldgras. Diese Baumarten wurden aber zwischenzeitlich durch
die vom Menschen angepflanzten Fichten verdrängt. Naturschutz-
maßnahmen treiben hier die Umwandlung des Waldes voran: Unter
hohen Fichten wachsen junge Laubbäume wie Vogelbeeren, Buchen
und Eichen, die die Fichtenforste in einen strukturreichen Mischwald
verwandeln und in der Zukunft seltenen Tierarten wie Schwarz- und
Grauspecht wieder eine Heimat bieten können.

*Waldpflanze: Rote
Lichtnelke*

*Wächst auf
wasserzügigem
Boden: das
Sumpfveilchen*

Kirchraum und Innenhof von Gut Reichenstein (privat)

Gut Reichenstein

Ende des 11. Jahrhunderts bemächtigte sich das Limburger Grafengeschlecht zunehmend der damaligen Königspfalzen im Nordeifelraum, die noch unter den Karolingern gegründet worden waren. Zur Sicherung des Landbesitzes errichteten sie Burgen, so auch die Burg „Richwinstein", die wahrscheinlich seit Mitte des 11. Jahrhunderts bestand. Mit der Gründung der Burg Monschau wurde der Standort aufgegeben und 1135 durch Herzog Walram (II.) Paganus an den damaligen Reformorden der Prämonstratenser übergeben.

Bis 1484 lebten in diesem Nonnenkloster Ordensfrauen aus dem Kölner und Jülicher Adel, 1487 wurde das Kloster von Steinfelder Mönchen übernommen. Während der Jülicher Fehde zwischen Kaiser Karl V. und Herzog Wilhelm von Kleve-Jülich-Berg wurde das Kloster 1543 durch Brand völlig zerstört.

Während des lange dauernden Wiederaufbaus war Stephan Horrichem von 1639–86 Prior des Klosters. Er wurde bekannt als „Apostel des Venns" aufgrund seiner Wohltätigkeit gegenüber der ländlichen Bevölkerung während des Dreißigjährigen Krieges.

1802 wurde das Kloster säkularisiert, also aufgelöst, und zunächst verpachtet. Die französische Regierung verkaufte die Ländereien und Gebäude später an den Monschauer Tuchfabrikanten Gerhard Boecking, der hier eine erfolglose Merino-Schafzucht einrichtete. Nach 1836 führten Jacob Ahren und seine Nachfahren bis 1970 einen landwirtschaftlichen Betrieb und eine Branntweinbrennerei, die „Reichensteiner Klarer" (auch „Reetsteener" genannt) herstellte und den „Gasthof Reichenstein" betrieb. Nach dem Zweiten Weltkrieg brannte man den bekannten „Reichensteiner Els", einen Kräuterschnaps.

Seit 1971 befindet sich Gut Reichenstein in Privatbesitz. Die renovierte einschiffige Klosterkapelle wird gelegentlich für Hochzeitsfeiern genutzt. Ansonsten ist das Gelände nicht öffentlich zugänglich.

Das Kreuz im Venn

Der Felsblock, auf dem das Kreuz im Venn montiert ist, heißt Richelsley. Der Name nimmt Bezug auf das heutige Gut Reichenstein *(Thema: Gut Reichenstein, S. 166)*. Nach einer Legende soll der Teufel den Felsblock hier abgeworfen haben. Nachdem er bei seinem Flug über das Venn verpasst hatte, den Felsen über der großen Abtei Stavelot fallen zu lassen, wollte er zumindest das damalige Kloster Reichenstein vernichten, traf aber auch hier nicht genau. Der Teufel hatte offenbar einen schlechten Tag und bot damit den Menschen eine willkommene Gelegenheit, ein Kreuz aufzustellen.

Geologisch gesehen stammt der 80 m lange und bis zu 12 m hohe Felsen der Richelsley aus dem Unterdevon, einer Zeit vor 400 Mio. Jahren, in der ein Flachmeer die Eifel bedeckte.

Die abgerundeten Kiesel in den verschiedenen Schichten dieser Konglomerate lassen Gerölle von Meeresstränden erkennen, in deren Brandung ihre spitzen Kanten über Jahrtausende durch die Rollbewegungen rund geschliffen wurden. In verschiedenen Größen wurden sie, parallel zu den Ausdehnungs- und Rückzugsbewegungen dieses Meeres, Schicht um Schicht abgelagert.

Das 6 m hohe Stahlkreuz errichtete 1890 Pfarrer Arnoldy von Kalterherberg auf der Richelsley, im Gedenken an Stephan Horrichem (1639–86), einen Abt des ehemaligen Klosters Reichenstein. Arnoldy war der ehrgeizige Erbauer des „Eifeldoms", einer für das kleine Eifeldorf Kalterherberg recht großen Kirche.

In einer Felsgrotte der Richelsley weihten 1894 die Einwohner von Kalterherberg anlässlich des 25-jährigen Pastorats des Pfarrers Arnoldy eine Marienstatue „Notre-Dame von Lourdes" ein.

Das Kreuz im Venn ist auch der Titel eines ehemals bekannten Romans der Eifel-Schriftstellerin Clara Viebig (1860–1952), der um die Jahrhundertwende meistgelesenen deutschen Autorin. Großes Vorbild für sie war der französische Schriftsteller Emile Zola. Ihr

Oben: Kreuz im Venn

Unten: Blick von dort über die Mützenicher Hochflächen

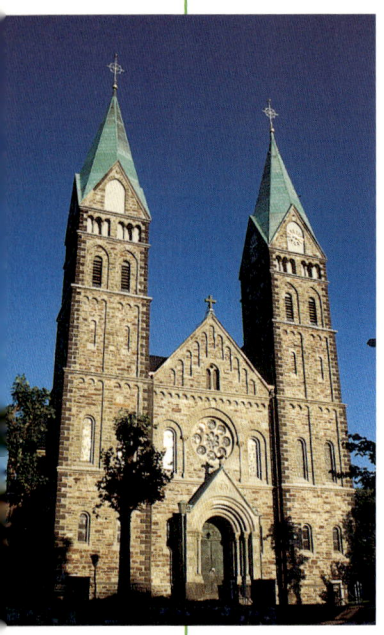

Große Kirche für ein kleines Dorf: der „Eifeldom" von Kalterherberg

eigener literarischer Standort ist zwischen dem Naturalismus eines Gerhard Hauptmann und der so genannten Heimatkunstbewegung um 1900 angesiedelt. In ihren Romanen und Novellen, darunter *Kinder der Eifel*, *Das Weiberdorf*, *Die Wacht am Rhein* oder *Das Kreuz im Venn* greift sie auf Historisches zurück und zeichnet ein wirklichkeitsnahes, wenn auch manchmal romantisierendes Bild der Eifeler Bevölkerung. Sie gilt als eine der wichtigsten Schriftstellerinnen der Eifel, die heute leider kaum mehr bekannt ist.

In dem Roman *Das Kreuz im Venn* spielt die Kirche von Heckenbroich alias Kalterherberg eine Rolle. In den Bau des überdimensionierten Eifeldoms wird Geld investiert, das schließlich für den Bau von Trinkwasserleitungen fehlt. Das Trinkwasser wird vielerorts aus unhygienischen Hofbrunnen gewonnen, die mit keimhaltigen Sickerwässern der Ställe belastet sind. Typhus bricht aus. Diese Episode ist eine von vielen in diesem Roman, deren Gesamtheit sich zu einem realitätsnahen Bild vom historischen Leben im Monschauer Land zusammensetzt.

Viadukt der Vennbahn nahe am Kreuz im Venn

Ruitzhof

Der Ruitzhof, manchmal auch Ruitshof geschrieben, wurde 1501 erstmals schriftlich erwähnt und gehörte als Hofstelle zum Besitz des Klosters Reichenstein *(Thema: Gut Reichenstein, S. 166)*. Der Name „Roitz" oder „Ruits" leitet sich vermutlich von dem Wort „Roden" bzw. „Rodung" ab. Während der Jülicher Fehde, in der Herzog Wilhelm von Cleve-Jülich-Berg und Kaiser Karl V. gegeneinander kämpften, wurde der Ruitzhof 1543 durch Brand völlig zerstört, jedoch schnell wieder aufgebaut. 1798 gehörten 106 Morgen Land zu dem ehemaligen Einzelhof. Im Laufe der Zeit entstand hier ein kleiner Weiler.

Nach dem Zweiten Weltkrieg wurde Ruitzhof zur Enklave, es gehört heute – umringt von belgischem Staatsgebiet – zu Kalterherberg.

Durch Ruitzhof verläuft die historische Kupferstraße, eine ehemals wichtige Handels- und Pilgerstraße, die das Monschauer Land in Nord-Südrichtung durchzieht.

Im Weiler Ruitzhof

In Ruitzhof: durch hohe Hecken hindurch Fernblick auf den Eifeldom

Die Perlenbachtalsperre

Sauberes und ausreichendes Trinkwasser wurde bereits in Clara Viebigs Roman *Das Kreuz im Venn (Thema: Das Kreuz im Venn, S. 167)* als Problem für das Monschauer Land beschrieben – und das ist es bis in die jüngste Vergangenheit geblieben.

Bis in die 1930er Jahre hinein waren viele Haushalte im Monschauer Land auf die Wasserversorgung aus dem eigenen oder einem hofnahen Brunnen angewiesen. Problematisch war dies vor allem im Sommer, wenn der Wasserstand in den Brunnen sank. Zudem verschmutzten Abwässer der nahen Misthaufen die Brunnen und Bakterien konnten sich vermehren.

In den 1930er Jahren wurde daher für den damaligen Kreis Monschau ein Kreiswasserwerk gegründet und der zügige Ausbau der Wasserleitungen vorangetrieben. Als Wasserentnahmestellen dienten einige ergiebige Quellen, unter anderem der Quellbereich des Belgenbaches zwischen Imgenbroich und Konzen. Mit dem Bau des Westwalls Ende der 1930er Jahre verdoppelte sich

Darstellungen des Wasserschöpfens an der Wasseraufbereitungsanlage Perlenbach

Stausee der Perlenbachtalsperre

durch die große Zahl zugereister Arbeiter der Wasserbedarf. Erste Pläne zum Bau einer Talsperre wurden laut. Neben einer Talsperre im Perlenbachtal wurde von der Wehrmacht der Bau einer Talsperre unterhalb Monschaus im Rurtal favorisiert. Diese Pläne durchkreuzte der einsetzende Krieg.

Erst 1953–55 kam es zum Bau der Perlenbachtalsperre. Mit ihrem Fassungsvermögen von 0,8 Mio. m^3 und einem Felsdamm mit Asphaltdichtung von 19 m Höhe gehört sie zu den kleinsten Talsperren in der Nordeifel. Bei Normalstau bedeckt der Wasserspiegel etwa 15 ha Fläche.

Dennoch versorgt der Wasserversorgungszweckverband als Betreiber der Talsperre und der angeschlossenen Wasseraufbereitungsanlage etwa 50 000 Menschen der Region in 53 Ortschaften mit Trinkwasser. Doch die Kapazitäten werden durch die wachsende Verbraucherzahl eng. 1999 kam es im Sommer zu einer Wasserverknappung, die nur durch eine Notleitung zur Oleftalsperre behoben werden konnte.

Auch die Wasserqualität ließ für einige Jahre stark zu wünschen übrig, als 1993 erstmals Verunreinigungen des Trinkwassers durch coliforme Bakterien festgestellt wurden. Ab 1997 existierte mehrere Jahre eine Abkochempfehlung für das Trinkwasser, die erst im Jahr 2002 nach dem Einbau eines neuen Filters in die Trinkwasseraufbereitungsanlage aufgehoben wurde.

Überlauf der Perlenbachtalsperre

Lebensraum Fels

Oben: geschützt liegender Fels im Wald

Unten: exponierter Fels (Teufelsley)

Im Naturschutzgebiet Gebirgsbach Rur und im Perlenbachtal führt Ihre Wanderung durch Talabschnitte mit steilen, schroffen Felsen. Felsen sind besondere Lebensräume und Heimat für entsprechend angepasste Pflanzen. Daher wurden die Felsen am Unterlauf des Perlenbachs über ein Gebiet von 33 ha als eigenes FFH-Gebiet gemeldet.

Charakteristisch für Felsen sind ihre extremen Lebensbedingungen: Wenn es regnet, steht den Pflanzen Wasser zur Verfügung, sobald es aufhört, trocknet der Fels aus – im Gegensatz zum wasserspeichernden Boden – und bietet tage- oder sogar wochenlang kein Wasser.

Ähnlich ist es mit den Temperaturen. Wird Fels von der Sonne beschienen, nimmt er aufgrund seiner oft schrägen Lage und seiner glatten, wasserfreien Oberfläche sehr viel Wärme auf und kann regelrecht heiß werden. Im Winter hingegen, wenn eisige Winde den Wärmetauschprozess zwischen Luft und Stein auf ein Höchstmaß beschleunigen, kühlen seine exponierten Oberflächen viel stärker aus als der ebene Boden. Die Felsoberfläche ist somit größeren Temperaturschwankungen ausgesetzt als der Boden.

Pflanzen, die auf Felsen leben, müssen diese Extreme ertragen können. Die meisten Pflanzen können dies nicht. Daher sind die Arten, die Felsen als Lebensraum nutzen können, echte Überlebenskünstler. Zu ihnen gehören viele der so genannten niederen Pflanzen, etwa Algen, Flechten und Moose. Ihren Namen tragen sie, weil ihr Körperbau nicht so hoch organisiert ist wie der der Kräuter, Gräser, Bäume und Sträucher. Aus diesem Grund sind sie in vielerlei Hinsicht weniger empfindlich als die komplexer gebauten höheren Pflanzen. Insbesondere Algen und Flechten sind in der Lage, unter Stressbedingungen wie Trockenheit, Hitze oder Kälte ihre

Lebensaktivitäten weitestgehend einzustellen, um sie nach Beendigung der Stressperiode wieder aufzunehmen. Mit ihrer Primitivität haben sich diese Pflanzen ein hohes Maß an Anpassungsfähigkeit erhalten, sie ermöglicht ihnen die Besiedelung von extremen Lebensräumen.

Aus diesem Grund finden Sie viele Felspartien auf Ihrem Spaziergang, die von Krustenflechten bedeckt sind. Wie Landkarten bilden sie Fleckenmuster auf den Felsen. Andere Partien sind mit einer Schicht aus leuchtend gelbgrünen, mikroskopisch kleinen Algen überzogen.

Wo der Waldrand den Felsen einen gewissen Schutz bietet, wie auf der Ehrensteinsley oder entlang des Unteren Perlenbachtals, finden Sie verschiedene Ginsterarten und Zwergsträucher: z. B. die Preiselbeere, die Heidelbeere und das Heidekraut. In den Übergangsbereichen zum Boden kommen häufig gelb blühende Habichtskräuter und gelegentlich die tiefblaue Bergflockenblume vor. Zitterpappel, Faulbaum, Vogelbeere und Besenginster bilden an solchen Stellen als „Waldmantel" eine Strauchschicht, die zum angrenzenden Hochwald überleitet.

An geschützten Felsen inmitten der Wälder finden Sie besondere Moose und Farne. Der Bewuchs auf den Felsen von Rur und Perlenbach ist durch den Schluchtcharakter der Täler geprägt, der mit seinem relativ ausgeglichenen Temperatur- und Feuchteklima die Extreme abmildert, denen frei stehende Felsen ausgesetzt sind. Aus diesem Grund können Sie hier zartblättrige Farne finden wie den Buchenfarn und den Eichenfarn.

Den ganzen Reichtum an möglichem Bewuchs zeigen überrieselte Felsen mit ihren tiefgrünen Teppichen aus Moosen, Lebermoosen und anderen zartblättrigen Pflanzen, sie lassen den felsigen Untergrund kaum noch erkennen.

Oben: Überlebenskünstler auf Extremstandorten – Krustenflechten

Unten: der Rollfarn, eine der seltensten Pflanzen in NRW

Register

Bildnachweis

Bildnachweis

Alle Bilder Maria A. Pfeifer, außer: Braun, Käthe: S. 102 oben, Mitte, unten; Brunemann, Hans-Georg: S. 103 unten; Diderots Enzyklopädie 1762-1777 (Bildtafeln): S. 52; Groh, Klaus: S. 151 unten; Harzheim, Gabriele: S. 28, 29, 30, 31 oben, 32, 33, 34, 35, 36, 40, 41 oben, 42 unten, 43 oben und Mitte, 45 oben, 46 unten, 47 oben, 50, 58 unten, 61 unten, 62 unten, 71, 72, 73, 78 unten, 79, 89 unten, 91 unten, 92, 95, 96, 98, 99, 100, 101; Körber, Holger: S. 64 oben; Kronen, Hans-Peter: S. 113 unten; Lückmann, Rudolf: S. 47 unten; Rheinisches Amt für Denkmalpflege: S. 43 unten, 45 unten; Sammlung Franz Wilhelm Hermanns: S. 49, 74, 76, 77, 78 oben, 80; Scheibler, Walter: S. 48, 53; Vassen, Frank Dr.: S. 130 unten; Verkest, José: S. 116 oben, 120 oben und Mitte, 121 oben und Mitte; Ziehm, Dieter: S. 150 unten, 152, 158 Mitte